디자인이 재미있는 도미노뜨기와 로그 캐빈

패치워크 손뜨개

하야시 고토미 지음 | 황선영 옮김 | 문수연 감수

Patchwork
Knitting
Domino & Log cabin

이아소

2000년에 비비안 획스브로에게 배운 도미노뜨기를 뜨개를 좋아하는 많은 분들과 공유하고자 2001년 《비비안의 즐거운 도미노뜨기》를 펴냈습니다. 이후 미국에서는 종종 이 기법으로 만든 작품을 보았지만, 우리 주변에서 여전히 인지도가 낮은 것이 대단히 아쉬웠습니다.

그러던 중 2015년 시애틀에 사는 동료 수산나 한센이 《Number Knitting》이라는 책을 보여주었습니다. 그 책에는 도미노뜨기와 패치워크의 로그 캐빈 디자인과 같은 기법으로 만든 손뜨개 작품이 실려 있었습니다. 책은 1952년에 출판된 것으로, 비비안도 이 책을 참고해 작품을 만들었다는 사실을 알게 되었습니다. 특히 로그 캐빈 스타일의 디자인이 재미있어서 저도 직접 시도해보고 싶은 마음에 이 책을 기획하게 되었습니다.

저로서도 로그 캐빈을 손뜨개로 작업하는 것은 처음이기에, 어떻게 떠야 할지 시행착오를 거듭하던 차에 미국에 사는 친구가 《Number Knitting》을 선물로 보내왔습니다. 이 책을 참고하면서 저 나름의 방법으로 로그 캐빈을 디자인하였습니다.

도미노뜨기 역시 다양한 작품이 가능해 여러 형태로 뜨다 보니 재미있는 모양이 완성되었습니다. 여러분도 자신만의 색과 사이즈로 즐겁게 작품을 만들어보시기 바랍니다.

contents

도미노뜨기

사각과 삼각 도미노의 고깔모자　　5

레트로한 컬러 조합의 핸드백　　6

펠팅 백　　7

2색 연출의 모티프가 매력적인 아프간　　8

변형 크로스 무늬의 작은 무릎 담요　　10

마음까지 편안해지는 간식 매트　　11

색의 향연이 유쾌한 가방 덮개　　12

변형 크로스 무늬의 가방 덮개　　13

지그재그 무늬의 심플한 베스트　　14

폭신한 모헤어의 숄 베스트　　16

별사탕 백　　18

별사탕 넥워머　　19

　　　도미노뜨기 뜨개 방법　　20

화살깃무늬뜨기

화살깃무늬뜨기의 하늘하늘한 스톨　　27

　　　화살깃무늬뜨기 뜨개 방법　　28

로그 캐빈

로그 캐빈 의자 매트　　31

하프 로그 캐빈 아프간　　32

로그 캐빈 마거리트 볼레로　　34

로그 캐빈 스타일의 쿠션　　36

　　　로그 캐빈 뜨개 방법　　37

실에 대하여　　40

작품의 뜨개 방법　　41

기본 뜨개 방법　　76

도미노뜨기

우리에겐 매우 생소하지만 에스토니아에 카드와 카드를 연결해가는 도미노 카드라는 게임이 있다. 이 놀이의 존재를 알고, 나는 도미노뜨기의 의미가 지금까지 이해한 것과 다르다는 사실을 깨달았다. 1장을 뜨고 다음 모티프를 이어서 뜨는 도미노뜨기의 기법이 도미노 카드 놀이 방식과 대단히 유사하다. 다만, 도미노뜨기는 사전에 도안을 만들어두지 않으면 '어? 무늬가 왜 안 생기지?' 하는 상황이 벌어진다.

홀수로 시작코를 만들어 가터뜨기 하면서 2단마다 중앙의 3코로 3코 모아뜨기를 해 정사각형의 모티프를 만든다. 코 줄이는 곳과 단수를 잘못 맞추면 정사각형이 나오지 않아 주의가 필요하지만 특별히 어려운

뜨개 방법은 아니다.

짝수로는 할 수 없는가 하면 그렇지 않다. 이 경우는 중앙에서 왼코 겹쳐 2코 모아뜨기와 오른코 겹쳐 2코 모아뜨기를 연달아 뜨고 마지막에 2코 모아뜨기로 1코를 줄이면 된다. 16페이지의 작품을 이 방법으로 만들었다.

이 책에서는 모티프의 좌우로 색을 바꾸거나 한가운데 작은 사각을 넣고, 좌우 2겹이나 위아래 2겹으로 변형을 준다든지 화살깃무늬뜨기와 삼각 모티프를 매치하는 등 다양한 이미지를 시도해보았다. 이 외에도 디자인의 가능성은 무궁무진하다.

사각과 삼각 도미노의 고깔모자

모티프 3장을 연결해 모자 상부를 만든다.
사각 6장과 삼각 3장의 모티프로 만드는 심플한 디자인.
러프한 트위드 실이 멋스럽다.

*뜨개 방법 42페이지

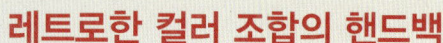

레트로한 컬러 조합의 핸드백

세 가지 색으로 도미노 모티프를 떠보았다.

도미노뜨기 특유의 이어서 뜨기만 하면 되는 매우 간단한 백이다.

앞면과 뒷면의 디자인이 다른 것도 재밌다.

＊뜨개 방법 44페이지

펠팅 백

큰 도미노 모티프 2장을 2겹으로 이어서 뜬 간단한 백.
작업 중인 뜨개와 털실을 넣는 백으로 만들어보았다.
가볍게 세탁해 펠팅*을 하면 뜨개코가 살짝 촘촘해지며 분위기가 또 달라진다.

* 뜨개 방법 46페이지

*펠팅 : 양모나 인조섬유에 습기, 열, 압력 등을 가하는 것

2색 연출의 모티프가 매력적인 아프간

옅은 색으로 중심부터 둥글게 이어서 뜬다.
원하는 사이즈가 되면 코바늘로 테두리를 둘러서 완성.
색을 바꾸면 전혀 다른 느낌이 된다.

＊뜨개 방법 48페이지

변형 크로스 무늬의 작은 무릎 담요

도미노뜨기의 기본인 3코 모아뜨기를 응용한 무늬.
4장의 모티프를 연결하면 의외의 무늬가 나타난다.
선명한 색으로 만들어보자.

＊뜨개 방법 50페이지

마음까지 편안해지는 간식 매트

도미노 모티프의 중심에 다른 색으로 작은 사각을 떠보았다.
산뜻한 매트와 함께하는
여유로운 간식 타임.

* 뜨개 방법 52페이지

색의 향연이 유쾌한 가방 덮개

단추로 자유롭게 떼었다 붙일 수 있는 가방 덮개를 떠보았다.
패치워크의 나인 패치를 하듯이 이어서 뜬다.
좋아하는 색을 조합해 떠가면서 다음 색을 결정했다.

＊뜨개 방법 53페이지

변형 크로스 무늬의 가방 덮개

28페이지 화살깃무늬뜨기 기법을 활용해 크로스 무늬로.
코트 색에 맞추거나 마음 가는 색으로 만들어보자.
이것도 12페이지의 작품처럼 단추로 연결할 수 있다.

＊뜨개 방법 56페이지

지그재그 무늬의 심플한 베스트

내추럴 컬러로 연출한 대담한 무늬가 인상적이다.
뜨기 전에 정확한 도안을 만들어놓는다.
옆은 화살깃무늬뜨기의 기법을 이용해 포인트를 주었다.

*뜨개 방법 59페이지

폭신한 모헤어의 숄 베스트

커다란 도미노 모티프를 10장 연결해 완성한 디자인.

길이를 길게 할 수도 있고 단색으로 만들어도 세련되어 보인다.

＊뜨개 방법 62페이지

별사탕 백

도미노뜨기의 재미는 이어서 뜨는 방법에 따라 입체적으로도 연출할 수 있다는 점이다.
23페이지의 이중으로 연결하는 기법으로 모티프를 떠가면
별사탕 같은 귀여운 모양이 된다.

*뜨개 방법 64페이지

별사탕 넥워머

2장을 겹쳐 뜬 모티프를 어떻게 이어야 할지 여러 가지로 궁리하였다.
가로세로로 연결했더니 뾰족뾰족 꼭지가 많이 생기면서 한층 입체적인 별사탕 모양이 재미있다.
코트나 재킷에 맞는 산뜻한 색으로 만들어보자.

*뜨개 방법 68페이지

도미노뜨기 뜨개 방법

〈기본(사각) 모티프 뜨개 방법〉

가터뜨기로 2단마다 바늘에 걸린 코(홀수)의 중앙 3코를 오른코 겹쳐 3코 모아뜨기로 떠
점차 사각 모양을 만드는 뜨개 방법. 코 줄이는 위치를 맞추는 것이 포인트이다.

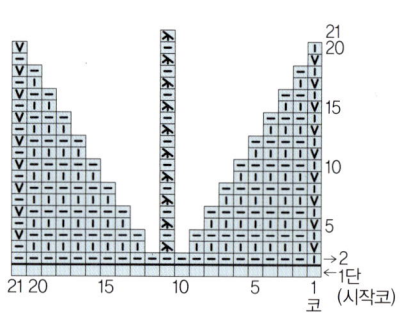

1 떠서 만드는 시작코를 만든다. 실 고리
를 만들어 바늘에 건다

2 코에 바늘을 넣어 겉뜨기 하듯이 실을
빼내고 그 고리에 왼쪽 바늘을 넣는다
(p.76)

3 필요한 콧수를 만든다(1단째 · 여기서는
21코)

4 2단째만 첫코는 겉뜨기 한다(3단째부터
는 겉뜨기 하듯이 걸러뜨기). 이어서 겉
뜨기를 한다

5 매 단 마지막 코는 안뜨기 한다

6 2단째(안면)를 모두 뜨면 겉쪽으로 안
코가 보이는데 이 면이 겉면이 된다

7 첫코를 걸러뜨기 하고 중앙의 3코 앞까
지 겉뜨기를 한다(여기서는 전부 9코)

8 겉뜨기 하듯이 걸러뜨기 한다

9 2코 모아 겉뜨기를 한다

10 8에서 걸러뜨기 한 코를 9에서 뜬 코에 덮어씌운다(오른코 겹쳐 3코 모아뜨기 완성)

11 마지막 코는 안뜨기를 하여 3단째 완성. 전체 19코가 된다

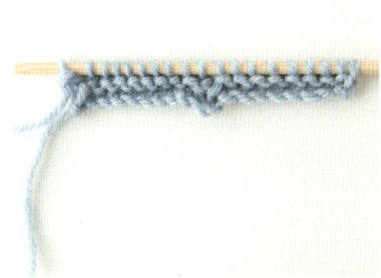

12 다음 단은 코를 줄이지 않고 뜬다(처음은 걸러뜨기, 마지막은 안뜨기)

13 7~12를 반복하면 점점 사각 모양이 된다

14 바늘에 남은 코는 항상 홀수이다

15 마지막은 오른코 겹쳐 3코 모아뜨기로 1코가 된다

16 남은 코에 실을 끼우면 완성

〈기본 모티프 연결 방법〉

모티프는 뜨면서 순서대로 이어간다.

*평평하게 연결한다

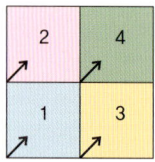

1 모티프 2는 모티프 1의 마지막 코를 바늘에 걸고 모티프의 끝에서 코를 줍는다 (여기서는 전체가 21코로 마지막 1코＋주운 코 10코가 된다)

2 떠서 만드는 시작코로 나머지 10코를 만든다

3 기본 모티프를 뜬다

4 2장의 모티프를 연결한 상태

5 모티프 3은 바늘에 10코의 시작코를 만들고 모티프 1의 끝에서 11코를 줍는다

6 기본 모티프를 뜬다

7 모티프 4는 3과 2의 모티프 끝에서 10코씩 줍고 중앙의 1코를 더해 전부 21코를 만든다

8 기본 모티프의 뜨개 방법으로 뜬다. 이 요령으로 모티프를 이어서 뜬다

*더블로 연결한다

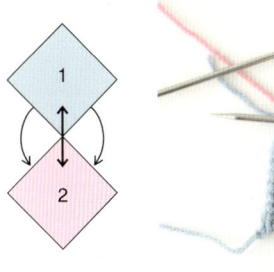

1 모티프 2는 기본 모티프의 겉면 시작코 고리에서 코를 줍는다. 줄 바늘을 이용해야 뜨기 편하다

2 기본 모티프와 같은 방법으로 뜬다

3 사각 모티프를 더블로 연결한 모습. 별사탕 백과 넥워머에 사용한 연결 방법이다

*원형으로 연결한다

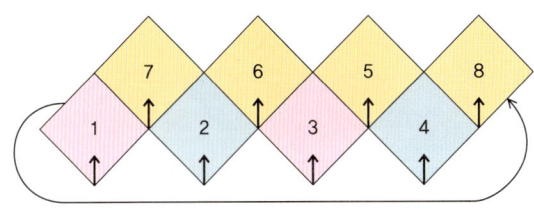

1 필요한 장수의 기본 모티프를 뜬다

2 모티프 4, 3의 끝에서 코를 줍는다. 모티프 4는 마지막 코와 가터뜨기의 산*마다 1코를 주워 전체 10코가 된 상태에서 모티프 4의 시작코 고리와 모티프 3의 시작코 고리에 바늘을 넣어 코를 줍는다. 이어서 모티프 3의 끝에서 10코를 줍는다

*1산 = 2단(p.43 참조)

3 모티프 5는 기본 모티프의 뜨개 방법으로 뜬다

4 같은 방법으로 1열째 2장의 모티프 사이에 모티프를 이어서 뜬다

5 1과 4의 모티프 사이에 모티프 8을 뜨면 원형이 된다

〈삼각 모티프 뜨개 방법〉

겉에서 뜨는 단은 좌우와 중앙에서 코를 줄이고,
안면에서 뜨는 단은 기본 도미노뜨기와 같은 방법으로 뜬다.

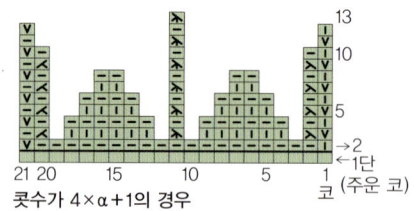

콧수가 4×α+1의 경우

1 이웃하는 모티프의 끝에서 코를 줍는다
(1단째·여기서는 21코). 2단째는 안면에
서 겉뜨기로 1단을 뜬다(첫코는 걸러뜨
기, 마지막 코는 안뜨기)

2 3단째부터는 홀수 단마다 코를 줄인다.
걸러뜨기를 한 다음 바늘을 다음 2코의
안쪽으로 넣는다

3 바늘을 넣은 2코를 함께 뜨면 오른코 겹
쳐 2코 모아뜨기가 완성된다(p.77의 방
법으로도 가능)

4 중앙 부분에서는 기본 모티프와 같은 방
법으로 오른코 겹쳐 3코 모아뜨기를 한다

5 마지막 3코가 남을 때까지 뜬다

6 왼코 겹쳐 2코 모아뜨기를 한다. 마지막
코는 기본 모티프와 같은 방법으로 안뜨
기를 한다

7 3단째 뜬 모습

8 안면에서 뜨는 단(짝수 단)은 기본 모티
프와 같은 방법으로 코를 줄이지 않고
첫코는 걸러뜨기, 마지막은 안뜨기를 한
다. 2~7을 반복해 5코가 남을 때까지
뜬다

24

＊처음 콧수가 4×α＋1코의 경우는 왼쪽 뜨개 방법으로 하지만, 4×α＋3코의 경우는 64페이지 〈삼각 모티프 뜨개 방법〉을 참조해서 뜬다

9 5코가 남으면 걸러뜨기, 중앙에서 오른코 겹쳐 3코 모아뜨기, 안뜨기 1코를 떠 3코를 남긴다

10 마지막은 오른코 겹쳐 3코 모아뜨기로 마무리한다

〈2색으로 뜨는 방법〉

모티프의 좌우로 색을 나누어서 뜬다. 실을 바꾸는 곳에 주의.

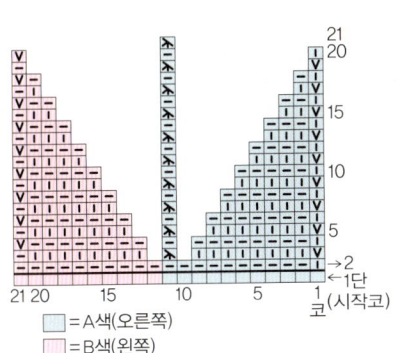

=A색(오른쪽)
=B색(왼쪽)

1 여기서는 전체 21코의 시작코를 만든다. 먼저 겉면의 오른쪽이 되는 색으로 11코를 떠서 시작코를 만든 다음 실을 바꿔 이어서 10코의 시작코를 만든다

2 2색의 시작코 완성

3 실을 바꾸는 위치에서는 겉면과 안면의 실 위치가 달라지니 주의한다. 실을 교차시키면 안면에서 뜨기가 끝난 실은 앞에 놓는다

4 겉면에서는 오른쪽의 실로 3코 모아뜨기를 한 다음 실을 안면에서 교차시켜 뜨기가 끝난 실을 맞은편에 놓는다

5 2색 모티프 완성

〈아이코드 테두리 뜨기〉

아이코드를 테두리 뜨기에 이용하는 방법은 다양한 곳에서 활용할 수 있어 편리하다.

1 테두리 뜨기 할 위치에서 줄바늘로 코를 줍는다. 본체의 가터뜨기 산마다 1코씩 줍는다. 이어서 왼쪽 바늘에 아이코드의 시작코(여기서는 3코)를 만든다

2 다른 바늘로 2코를 겉뜨기 한 다음 3코 째와 주운 코를 함께 오른코 겹쳐 2코 모아뜨기로 뜬다(오른쪽 바늘을 2코의 안쪽으로 넣어 한 번에 뜬다)

3 오른쪽 바늘의 3코를 왼쪽 바늘(줄바늘) 로 다시 옮긴다

4 2, 3을 반복해 테두리 뜨기를 한다

5 모서리는 주운 코와는 연결하지 않고 3 코만 2단 뜬다(아이코드)

6 깔끔하게 모서리를 뜬 모습. 다시 2, 3 을 반복한다. 주운 코를 모두 아이코드 와 연결하면 뜨개 시작과 마지막은 메리 야스 잇기를 한다

화살깃무늬뜨기

도미노뜨기의 중앙에서 3코 모아뜨기는 그대로 하면서 좌우로 코를 늘리는 뜨개 방법이다.

이 기법의 매력은 가늘고 긴 모티프를 계속 연결해서 떠가는 것이다.

화살깃무늬뜨기의 하늘하늘한 스톨

그러데이션 모헤어를 사용해 자연스럽게 무늬가 생겼다.
뜨개 마지막을 도미노뜨기로 해서 양 끝에 포인트를 주었다.

＊뜨개 방법 67페이지

화살깃무늬뜨기의 뜨개 방법

중앙에서 오른코 겹쳐 3코 모아뜨기를 하는 것은 도미노뜨기의 기본 모티프와 같지만
줄어든 2코를 양 끝에서 늘리면 화살깃무늬가 된다.
시작코를 작품에 그대로 살리는 경우는 코바늘로 만드는 방법으로 시작코를 만들어야 깔끔하게 완성된다.
여기서는 이 방법으로 시작코를 만들었지만 꼭 이대로 뜰 필요는 없다.

〈뜨개 방법〉

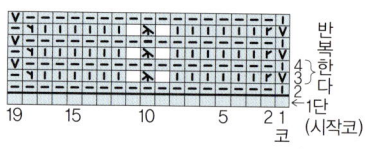

1 첫코는 걸러뜨기를 한다

2 오른쪽 끝의 코를 늘린다. 2코째의 아래 '훅'(안코의 뜨개실)을 오른쪽 바늘로 끌어낸다

3 끌어낸 코를 다시 왼쪽 바늘에 걸고 겉뜨기를 한다. 이것으로 1코 늘렸다

4 중앙에서는 오른코 겹쳐 3코 모아뜨기를 한다

5 왼쪽 끝의 코를 늘린다. 마지막 1코 앞까지 뜨면 마지막 코와의 사이에 '훅'이 보인다

6 '훅'을 왼쪽 바늘로 끌어 올려 이것을 겉뜨기 한다

7 짝수 단은 도미노뜨기와 같은 방법으로 뜨고, 홀수 단은 1~6을 반복하면 화살깃무늬가 된다. 마지막에 도미노뜨기의 기본 모티프를 뜨면 양 끝이 뾰족한 모양이 된다. 또는 삼각 모티프를 뜨면 마지막 변은 직선이 된다

〈연결 방법〉

1 필요한 콧수−1코를 바늘에 만든 다음 화살깃무늬 모티프의 아래 끝에 바늘을 넣는다

2 이 코를 안뜨기 해서 이것을 시작코의 마지막 코로 한다. 뜨기 어려운 경우 다른 1개의 바늘을 사진 1의 위치에 넣어 오른쪽 바늘로 뜨면 된다

3 2단째는 기본 모티프와 같은 방법으로 뜨고 3단째는 오른쪽 끝에서 코를 늘리고, 중앙에서 오른코 겹쳐 3코 모아뜨기, 왼쪽 끝은 1코 남을 때까지 뜨고 코를 늘린다. 마지막 코는 오른쪽 바늘에 옮겨놓는다

4 왼쪽 화살깃무늬 모티프의 오른쪽 끝 1산째의 끝 코에 왼쪽 바늘을 넣고 오른쪽 바늘의 마지막 코를 다시 옮긴다

5 4의 왼쪽 바늘의 2코를 한 번에 안뜨기 한다. 짝수 단은 도미노뜨기의 기본 모티프와 같은 방법으로 한다

6 3~5를 반복해 이어서 뜬다

7 안면은 연결 부분에 사슬뜨기 같은 코가 생긴다

29

로그 캐빈

패치워크의 로그 캐빈과 같은 원리로 직사각형 파트를 뜨면 되겠으나 문제는 코를 줍는 부분과 그대로 뜨는 부분이 있어서 어떻게 하면 깨끗하게 모양이 나오는지가 관건이었다. 《Number Knitting》과 친구 비비안 획스브로가 쓴 책 등을 참조하며 좀 더 괜찮다 싶은 나만의 방법으로 작품을 만들어나갔다.

이 책에는 3종류의 패턴을 실었다. 패치워크에 자주 쓰이는 로그 캐빈, 세로와 가로를 번갈아 연결하는 디자인 그리고 중심 모티프에 좌우, 위아래 순서로 파트를 연결하는 디자인이다.

색은 천의 경우처럼 섬세한 그러데이션 연출이 어렵지만 밝은색, 어두운색으로 나누어 디자인하면 간단하다. 하지만 꼭 구별하지 않고 아무 색이나 자유롭게 배치해도 재밌다.

32페이지의 세로와 가로를 번갈아 연결하는 디자인은 우선 사용할 색을 결정하고 줄무늬 너비를 적당히 바꾸면서 직사각형으로 떴다. 이 디자인에서는 특별히 좋아하는 색을 고르지 않고 그때마다 즉흥적으로 색을 떠올리며 떠가는 것이 한층 재미있지 않을까 생각한다. 36페이지는 로그 캐빈과 비슷하지만 스트라이프를 넣은 디자인으로 느낌이 색다르다.

로그 캐빈 의자 매트

밝은색과 어두운색으로 구성하는 로그 캐빈의 방식을 그대로 따른 작품.
중심 색은 눈에 띄게 산뜻한 색으로 골랐다.
테두리 뜨기에도 중심 색을 사용했다.

＊뜨개 방법 69페이지

오른쪽 끝의 작은 사각 모티프부터 시작해
가늘고 긴 모티프를 세로, 가로로 이어서 떠 점점 큰 사각을 만드는 뜨개 방법.
세로와 가로의 색을 바꾸면서 뜨는 재미가 있다.

＊뜨개 방법 72페이지

로그 캐빈 마거리트 볼레로

등 전면을 꽉 채우는 큰 로그 캐빈 모티프가 포인트.
소맷부리와 테두리는 귀여운 피코뜨기를 했다.

*뜨개 방법 74페이지

로그 캐빈 스타일의 쿠션

가늘고 긴 모티프를 줄무늬로 연출해보았더니 재미있는 문양이 되었다.
패치워크와 마찬가지로 어디에 무슨 색으로 어떻게 뜨느냐가 고민인
동시에 더할 나위 없는 재미이다.

＊뜨개 방법 70페이지

로그 캐빈 뜨개 방법

〈기본 뜨개 방법〉

기본 뜨개 방법은 중심 피스의 시작코를 단의 산 수보다 1코 많게 하여 시작한다.
줄바늘을 이용해서 뜨면 쉼코를 그대로 바늘에 남기고 뜰 수 있다.
피스가 커지면 뜨는 부분만 다른 짧은 바늘을 이용해 뜨면 된다.

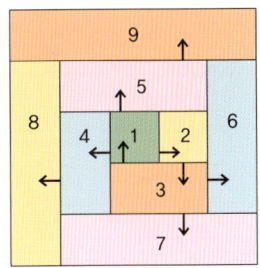

1 피스 1(이하 P1)을 6코의 시작코를 만들
어 5산* 뜬다

*1산＝2단(p.43 참조)

2 피스 2(이하 P2)를 뜬다. P1의 시작코 고
리 끝에서 1코 줍는다

3 각 산의 사이에서 1코씩 줍는다

4 5코를 주운 모습

5 왼쪽 바늘에 걸린 마지막 코에 오른쪽
바늘을 넣는다

6 겉뜨기 하듯이 실을 빼낸다(왼쪽 바늘에
는 6코가 그대로 걸려 있다)

7 P2를 5산 뜬다

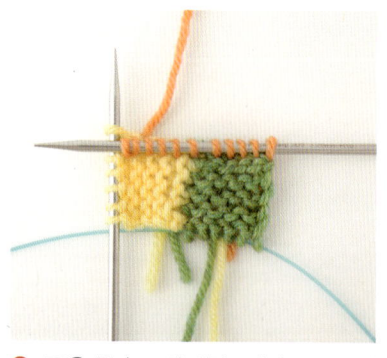

8 P3을 뜬다. P1의 시작코에서 6코, P2의 끝에서 5코 줍는다. 마지막 코는 5, 6과 같은 방법으로 줍는다(11코)

9 이어서 5산 뜬다

10 P4를 뜬다. P1에서 6코, P3에서 5코 줍는다. P1의 첫코와 P3의 마지막 코는 5, 6과 같은 방법으로 줍는다(11코)

11 이어서 5산 뜬다

12 다음 피스를 뜨기 위해 바늘 위치를 정돈한다. 앞 피스의 뜨개 마지막 실 끝이 왼쪽 모서리가 되도록 방향을 바꾼다

13 P5를 뜬다. 전부 16코 줍는다

14 이어서 5산 뜬다. 이것으로 처음 1바퀴 뜬 모습

15 같은 방법으로 코를 주워 5산씩 뜬다. 2바퀴째 뜬 모습

〈뜨개 방법의 응용〉

왼쪽 끝의 피스에서 세로, 가로의 순서로 이어서 뜨는 방법.
시작코를 산의 수에 포함시켜 주운 코도 시작코와 콧수가 같다.

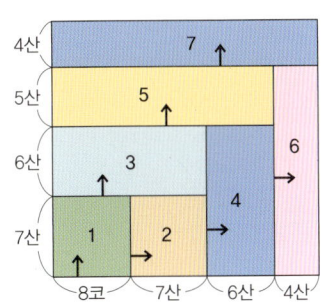

1 8코 7산을 뜬 처음 피스의 끝에서 8코 줍는다

2 7산을 뜬다

3 15코를 주워 6산 뜬다

4 세로, 가로의 순서로 이어서 뜬다

로그 캐빈과 마찬가지로 작은 사각에서 시작해 2변 부분에 번갈아 사각을 떠가면 조금씩 커진다. 정사각형이나 직사각형으로 원하는 사이즈를 만들 수 있다.

실에 대하여

〈실과 바늘 이야기〉

이 책에서는 같은 실이라도 작품에 따라 사용하는 바늘의 호수가 다른데, 그것은 사용 목적에 맞게 조금 느슨한 게이지로 할지, 촘촘한 게이지로 할지 달라지기 때문이다. 또 개개인마다 같은 호수의 바늘로 떠도 같은 게이지가 되지는 않는다. 타이트한 아이템의 경우는 사이즈가 달라져 낭패를 보기도 하는데, 이 책의 아이템은 게이지에 대해 별로 신경 쓰지 않아도 된다. 자신이 원하는 게이지로 도전해보자.

〈책에서 사용한 실〉

1 아메리(파란색)
울 70%, 아크릴 30%의 병태사 타입으로 뜨개질하기 좋은 실
36색의 풍부한 컬러로 무늬뜨기나 배색을 즐길 수 있어 창작 의욕을 북돋운다

2 아란 트위드(핑크)
울 90%, 알파카 10%의 트위드 타입 병태사
큰 냅(Nap, 직물 겉면의 보풀)으로 뜨개의 색 변화를 즐길 수 있다

3 알파카 모헤어 파인(겨자색)
모헤어와 알파카의 폭신하고 부드러운 병태사 타입
멋스러운 그러데이션 타입과 매치해 사용하면 디자인을 재밌게 연출할 수 있다

4 소노모노 트위드(원사)
알파카를 기본으로 만들었으며 내추럴 컬러와 그러데이션이 매력
트위드 타입의 병태사로 가벼워서 한층 인기다

5 멘즈 클럽 마스터(갈색)
울 60%, 아크릴 40%의 극태사로 뜨개가 촘촘하게 완성된다
남성적인 시크한 색이 주를 이룬다

작품의 뜨개 방법

이 책의 작품 대부분은 가터뜨기이다

가터뜨기는 겉뜨기 1단과 안뜨기 1단으로 구성되며

2단을 1산으로 표기한다

시작코와 주운 코는 1단으로 세고 있다

사각과 삼각 도미노의 고깔모자 *사진 5페이지

◎**재료**
아란 트위드 블루(13) 50g, 와인 레드(6) 40g
◎**도구**
8호 대바늘, 6호 80cm 줄바늘, 9호 대바늘 1개
◎**사용 모티프**
39코의 사각 모티프(약 12cm 사각), 39코의 삼각 모티프
◎**완성 사이즈**
머리둘레 52cm, 길이 약 27cm

◎**뜨개 포인트**
· 모자의 머리 정수리 부분에서 1열째는 사각 모티프를 3장 이어서 뜨고, 2열째는 그 사이에 3장을 뜬다. 3열째는 삼각 모티프를 3장 뜬다
· 테두리 뜨기는 블루로 63코를 줄바늘로 주워 1단 안뜨기 하고, 그다음 와인 레드로 줄바늘에 4코의 시작코를 만들어 9호 바늘로 아이코드 테두리 뜨기를 한다(26페이지 참조)

모티프

사각 모티프
1~6

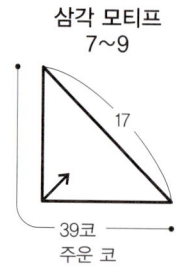

약 12

17

39코
시작코 또는 주운 코

삼각 모티프
7~9

17

39코
주운 코

뜨는 순서와 방향

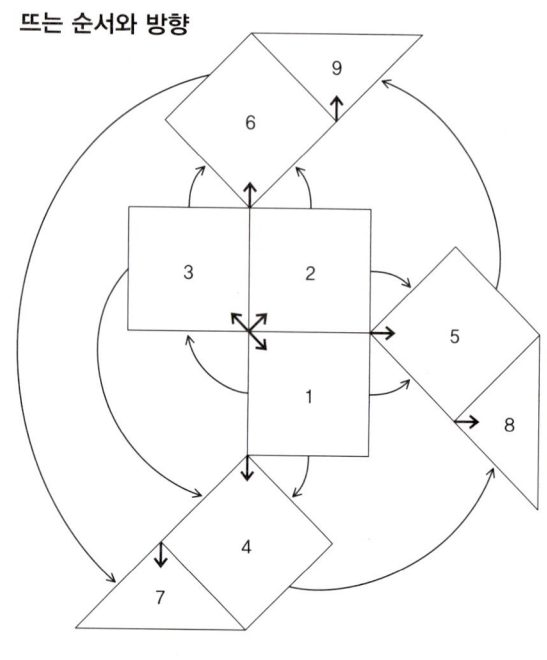

테두리 뜨기

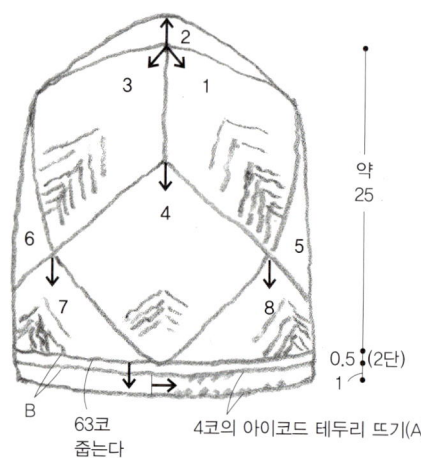

약 25

0.5 (2단)
1

B
63코 줍는다

4코의 아이코드 테두리 뜨기(A)

줄무늬 넣는 법

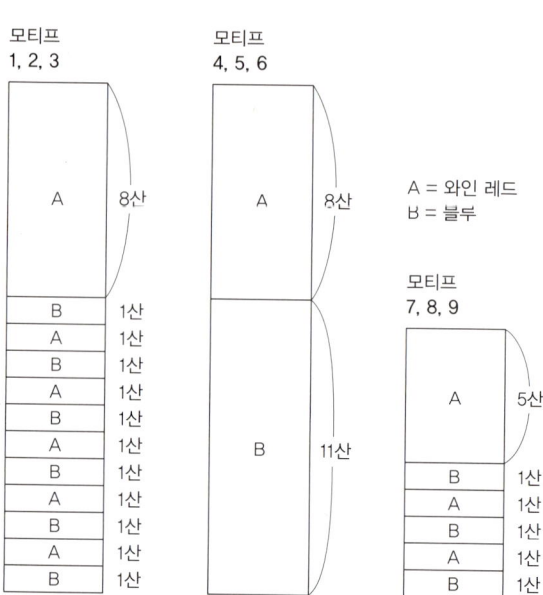

모티프 1, 2, 3

A	8산
B	1산
A	1산
B	1산
A	1산
B	1산
A	1산
B	1산
A	1산
B	1산
A	1산
B	1산

모티프 4, 5, 6

A	8산
B	11산

A = 와인 레드
B = 블루

모티프 7, 8, 9

A	5산
B	1산
A	1산
B	1산
A	1산
B	1산

사각 모티프

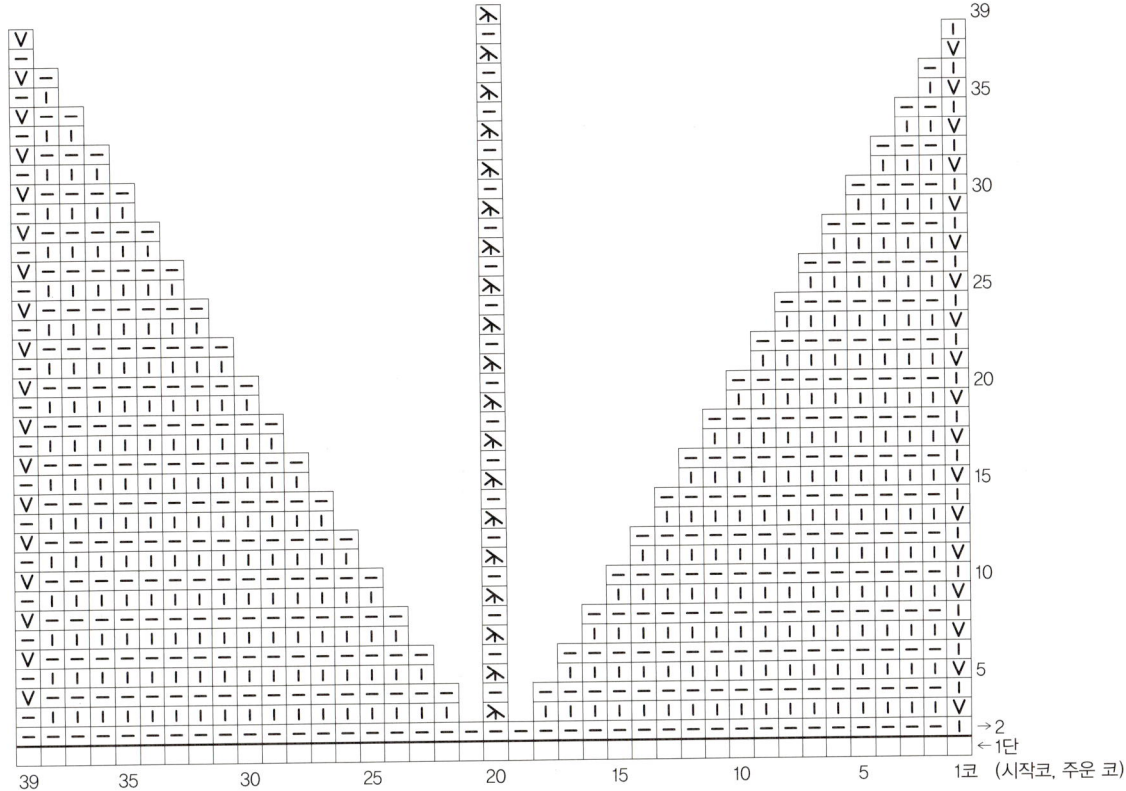

삼각 모티프

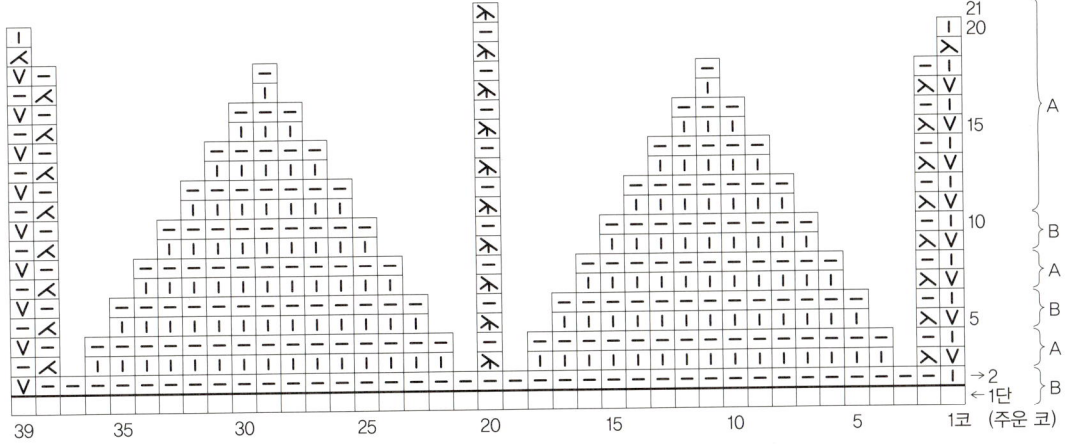

※1산은 2단
　단, 뜨개 시작은 시작코 또는 주운 코도 1단으로 센다

A = 와인 레드
B = 블루

레트로한 컬러 조합의 핸드백 *사진 6페이지

◎**재료**

아메리 검은색(24), 황록색(13) 각 35g, 베이지(21) 10g

1.5cm 너비 가죽 손잡이 40cm, 단추 지름 1.4cm 4개, 2cm 1개

◎**도구**

3호 대바늘, 3호 80cm 줄바늘, 4호 대바늘 1개

◎**사용 모티프**

23코의 사각 모티프(약 5cm 사각), 23코의 삼각 모티프

◎**완성 사이즈**

세로 약 21cm, 너비 약 21cm

◎**뜨개 포인트**

• 먼저 바닥 부분을 2장 뜨고 앞면, 뒷면은 그림을 참조해 이어서 뜬다

• 모티프를 이어서 뜬 다음 앞면 중앙에서 황록색으로 줄바늘을 이용해 코를 줍는다. 덮개의 정점까지 한쪽에서 51코를 주워 4호 바늘로 3코의 아이코드 테두리 뜨기를 하고, 정점에서는 아이코드뜨기로 14단을 떠서 단춧고리를 만든다. 나머지 테두리를 51코 주워 아이코드 테두리 뜨기를 하고 뜨개 시작과 꿰맨다

• 손잡이는 겉과 안에서 단추로 양옆에 고정한다

〈**오른쪽 검은색의 모티프(모티프 A) 뜨개 방법**〉

• 검은색으로 12코, 황록색으로 11코의 시작코를 만든다(1단째)

• 2단째는 황록색 11코, 검은색 12코를 뜬다

• 3단째는 검은색으로 10코 뜨고, 검은색으로 오른코 겹쳐 3코 모아뜨기, 황록색으로 10코를 뜬다

• 9단째부터 중앙을 베이지로 뜬다

〈**오른쪽 황록색의 모티프(모티프 B) 뜨개 방법**〉

• 검은색과 반대로 실을 사용해 뜬다

모티프

사각 모티프
1~32
37~39

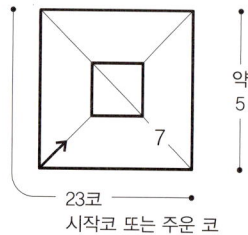

약 5

23코
시작코 또는 주운 코
7

삼각 모티프
33~36

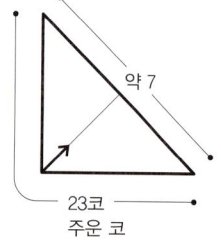

약 7

23코
주운 코

뜨개 방법

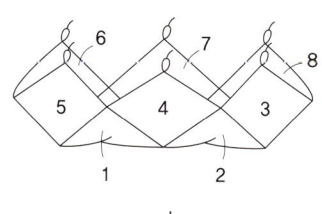

6 7 8

5 4 3

1 2

↓

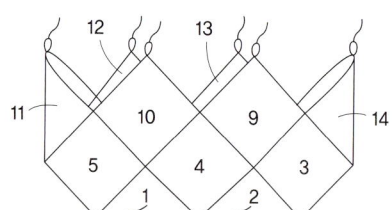

12 13

11 10 9 14

5 4 3

1 2

뜨는 순서와 방향

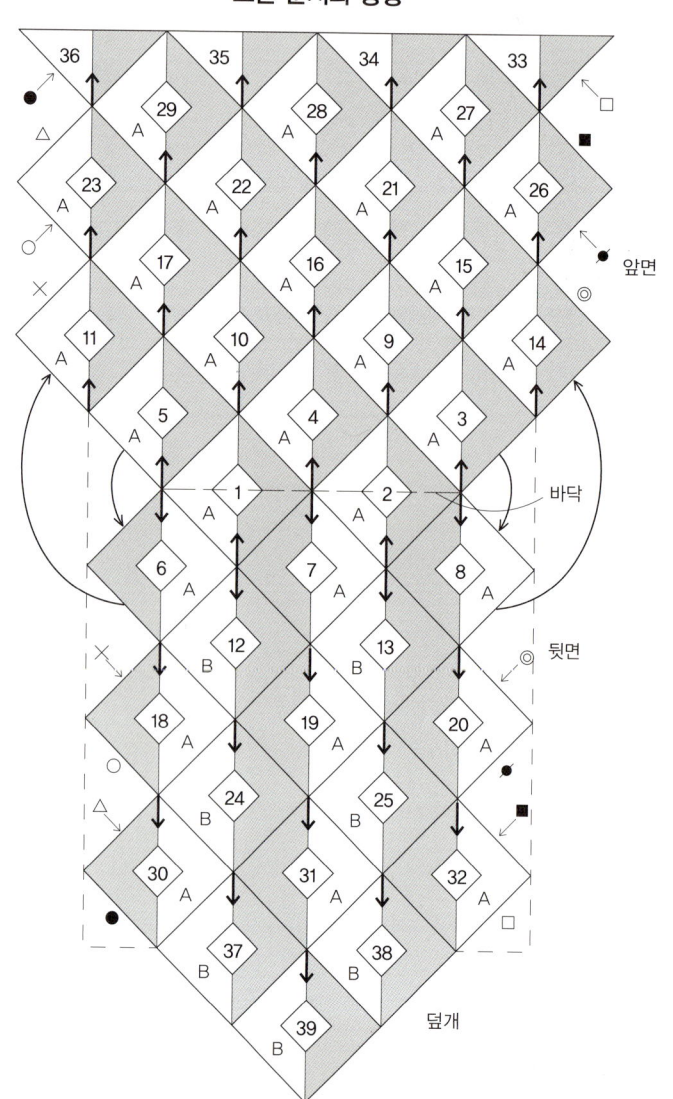

44

사각 모티프

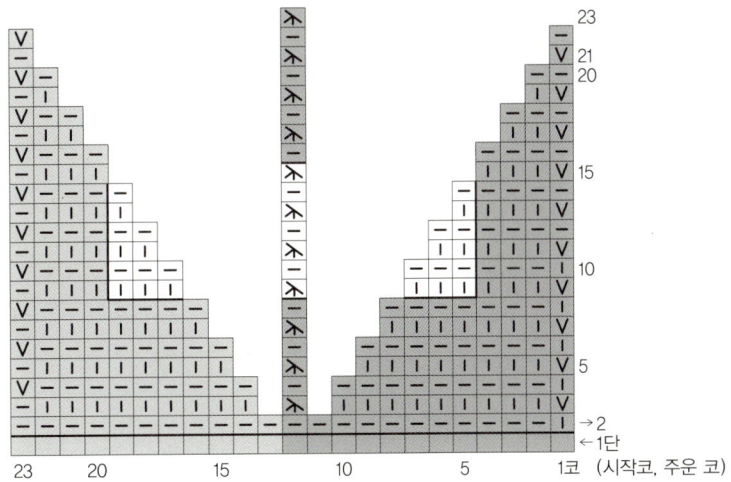

모티프 A	모티프 B
= 검은색	황록색
= 황록색	검은색
= 베이지	베이지

23　20　15　10　5　1코 （시작코, 주운 코）

23
21
20

15

10

5

→2
←1단

삼각 모티프

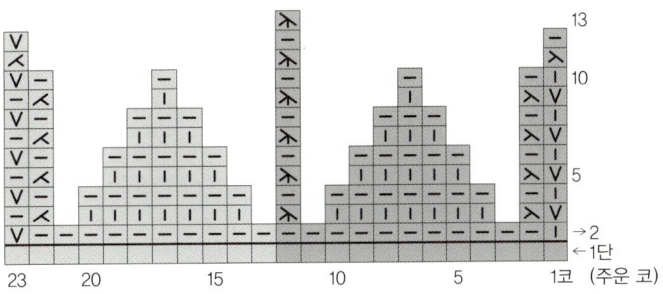

= 검은색
= 황록색

23　20　15　10　5　1코 （주운 코）

13

10

5

→2
←1단

테두리 뜨기

단춧고리(아이코드 14단)

아이코드 테두리 뜨기(황록색)
(26페이지 참조)

1(3코)

51코
줍는다

마무리

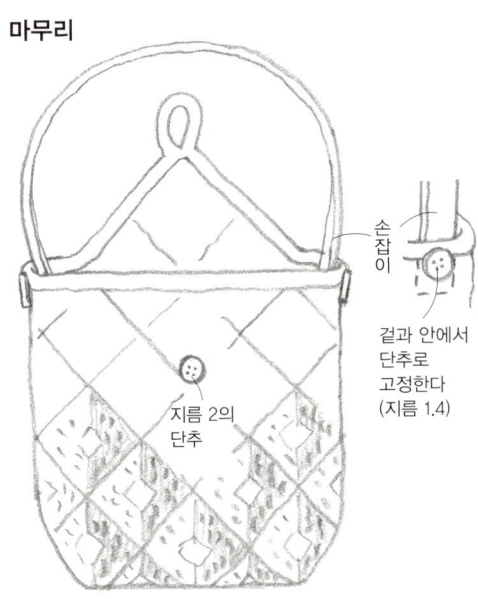

손잡이

겉과 안에서
단추로
고정한다
(지름 1.4)

지름 2의
단추

펠팅 백 *사진 7페이지

◎**재료**
아란 트위드 올리브 그린(15) 40g, 진갈색(8), 황토색(7) 각 25g,
지름 1.8cm 단추 4개

◎**도구**
8호 60cm 또는 80cm 줄바늘

◎**사용 모티프**
87코의 사각 모티프(약 24cm 사각)

◎**완성 사이즈**
너비 약 34cm, 길이 약 30cm

◎**뜨개 포인트**
· 87코의 모티프를 그림과 같이 줄무늬를 넣으며 뜨고, 15코가 남으면 덮어씌워 코막음 한다
· 다른 한쪽 면은 1장째의 시작코 겉면에서 코를 주워 같은 방법으로 뜬다
· 뜨개를 세탁해 줄여 펠팅(축융)을 한 다음 입구 쪽을 되접어서 정돈하고 손잡이를 단다
· 손잡이는 4코의 아이코드뜨기로 길이 60cm 2개를 뜨고, 백과 같은 방법으로 펠팅을 하여 그림 위치에 끼우고 겉에서 묶는다

모티프

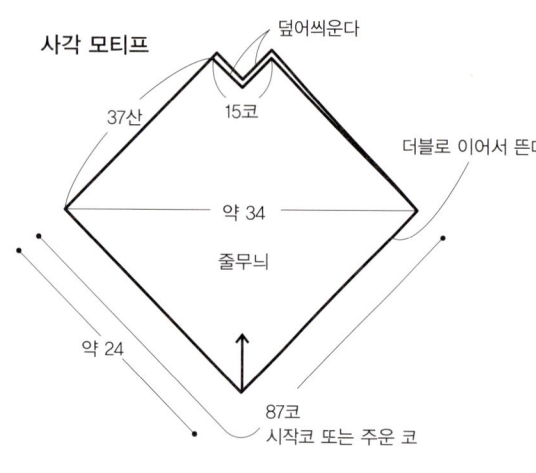

사각 모티프
덮어씌운다
37산
15코
더블로 이어서 뜬다
약 34
줄무늬
약 24
87코
시작코 또는 주운 코

줄무늬 넣는 법

14산

15

7	1산
8	1산
15	1산
7	1산
15	1산
7	1산
8	1산
7	1산
8	1산
15	1산
8	1산

15	4산
7	4산
8	4산

진갈색 = 8
황토색 = 7
올리브 그린 = 15

※1산은 2단
 단, 뜨개 시작은 시작코,
 주운 코를 1단으로 센다

손잡이
(2개 아이코드 황토색)

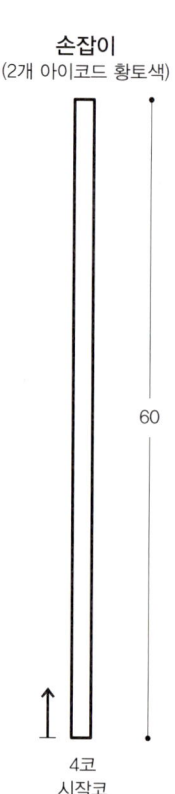

60

4코
시작코

46

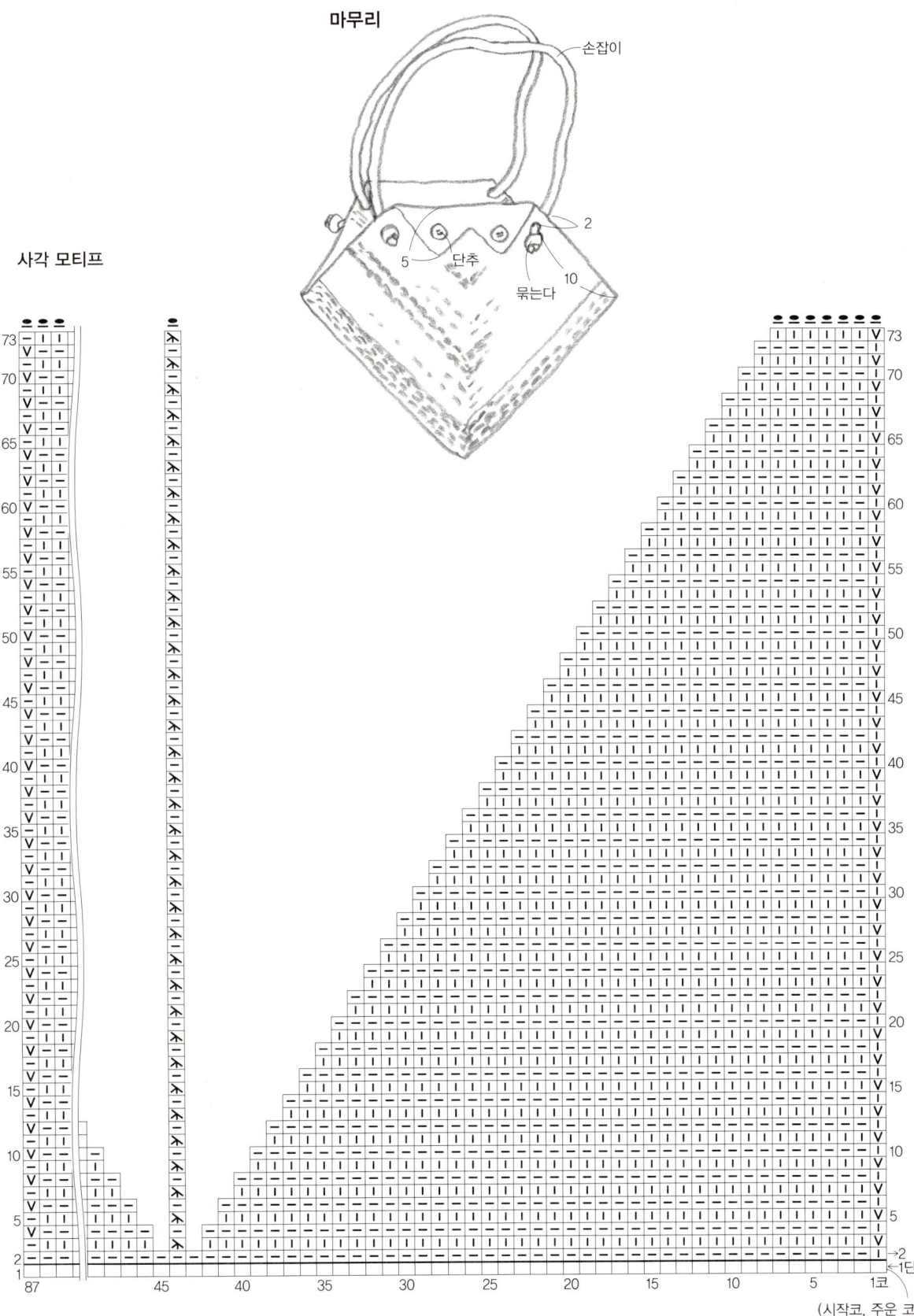

마무리

손잡이

2

5 단추

묶는다 10

사각 모티프

2색 연출의 모티프가 매력적인 아프간 *사진 8페이지

◎**재료**
아메리 원사(20) 150g, 연한 물색(10) 100g, 잿빛 도는 노란색 (1) 80g
◎**도구**
4호 대바늘, 5/0호 코바늘
◎**사용 모티프**
25코의 사각 모티프(약 5.5cm 사각)
◎**완성 사이즈**
약 68cm 사각

◎**뜨개 포인트**
• 뜨는 순서와 같이 중심의 4장에서 뜨기 시작한다
• 모티프는 원사와 연한 물색의 조합과 원사와 잿빛 도는 노란색의 조합이다. 오른쪽이 되는 색을 1코 많게 시작코를 만든다
• 테두리 뜨기는 연한 물색으로 코바늘뜨기 한다

모티프

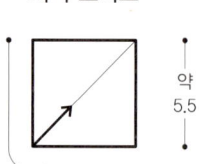

사각 모티프

약 5.5
25코
시작코 또는 주운 코

뜨는 순서

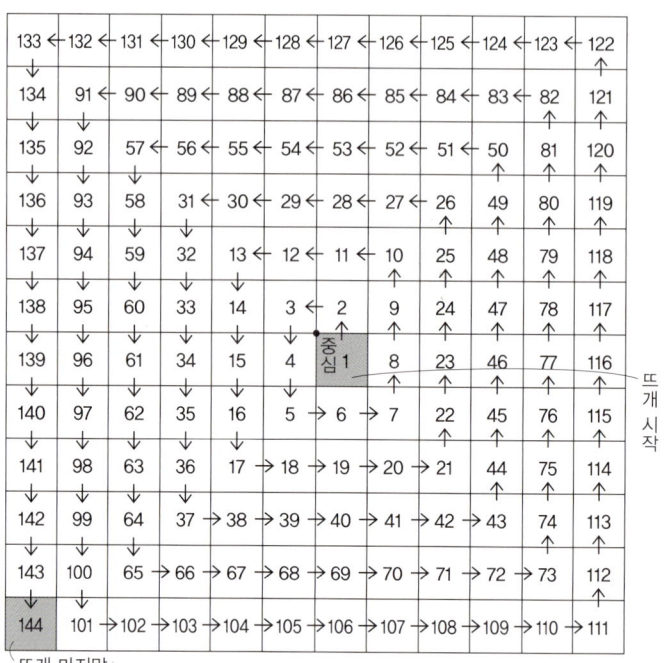

2색의 사각 모티프

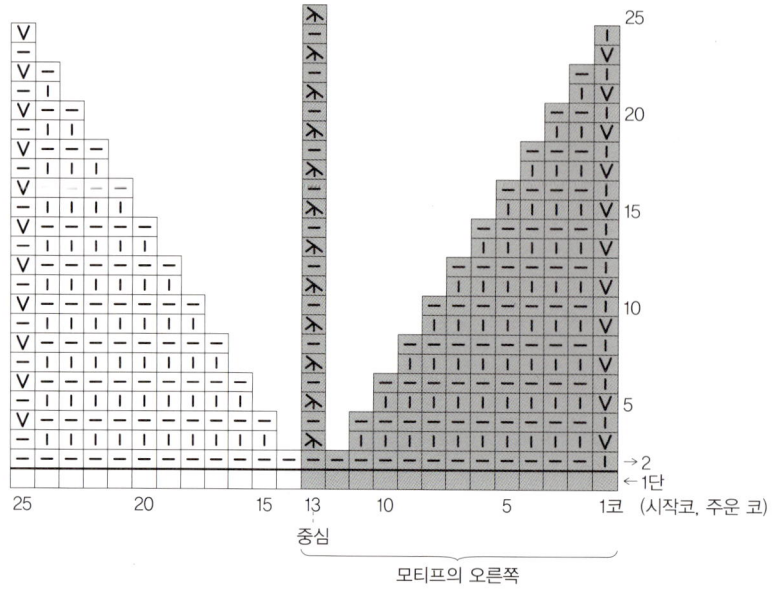

뜨는 방향과 테두리 뜨기

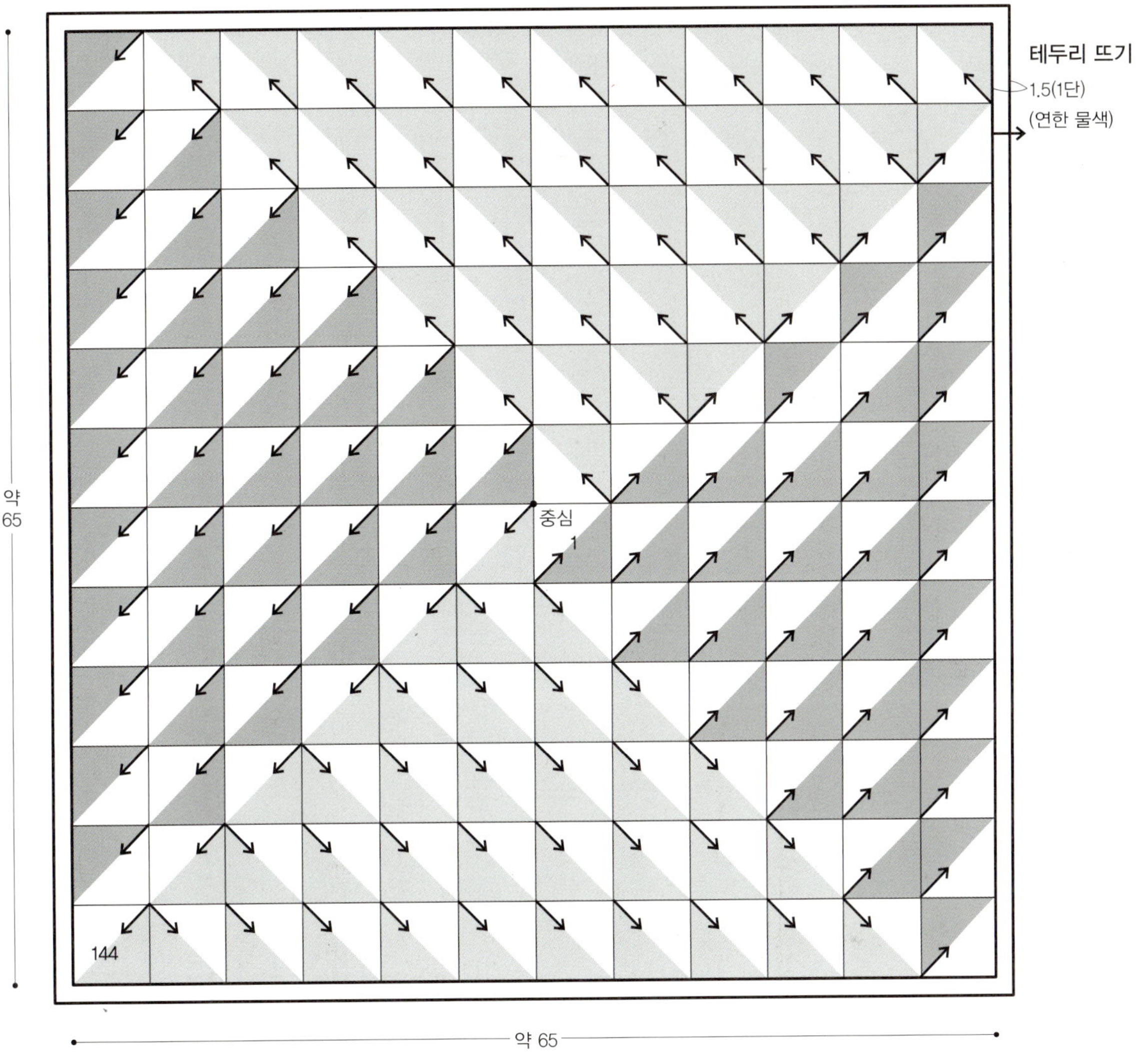

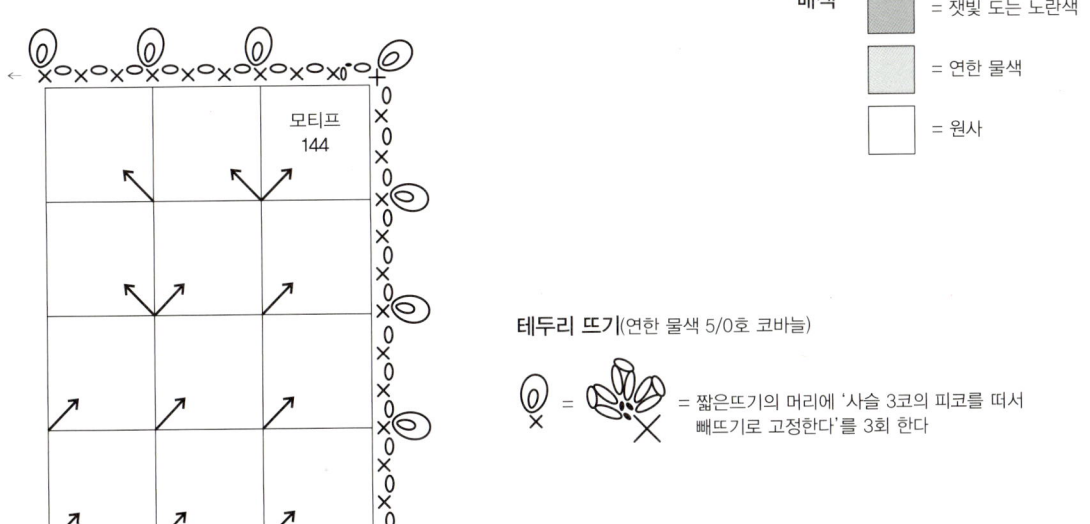

테두리 뜨기

1.5(1단)
(연한 물색)

약
65

약 65

144

중심
1

배색

= 잿빛 도는 노란색

= 연한 물색

= 원사

모티프
144

테두리 뜨기(연한 물색 5/0호 코바늘)

= = 짧은뜨기의 머리에 '사슬 3코의 피코를 떠서
빼뜨기로 고정한다'를 3회 한다

49

변형 크로스 무늬의 작은 무릎 담요

*사진 10페이지

◎재료
아메리 잿빛 도는 노란색(1) 80g, 붉은색(5) 60g

◎도구
4호 대바늘, 4호 100cm 줄바늘, 5호 대바늘 1개

◎게이지
가터뜨기로 20코 40단이 사방 10cm

◎완성 사이즈
43cm 사각

◎뜨개 포인트

〈화살깃무늬뜨기와 도미노뜨기의 줄무늬 피스(피스 1, 2, 3, 4) 뜨개 방법〉

1단째(시작코): 붉은색으로 21코의 떠서 만드는 시작코를 만든다
2단째: 붉은색으로 1단 겉뜨기. 마지막 코는 안뜨기
3단째: 잿빛 도는 노란색으로 걸러뜨기, 코늘림, 겉뜨기 8코, 오른코 겹쳐 3코 모아뜨기, 겉뜨기 8코, 코늘림, 안뜨기 1코
4단째: 잿빛 도는 노란색으로 걸러뜨기, 겉뜨기 19코, 안뜨기 1코
5단째에서 30단째까지는 2단마다 실을 바꿔서 3, 4단과 같은 방법으로 뜬다

모티프

※8장의 피스를 이어서 뜬다

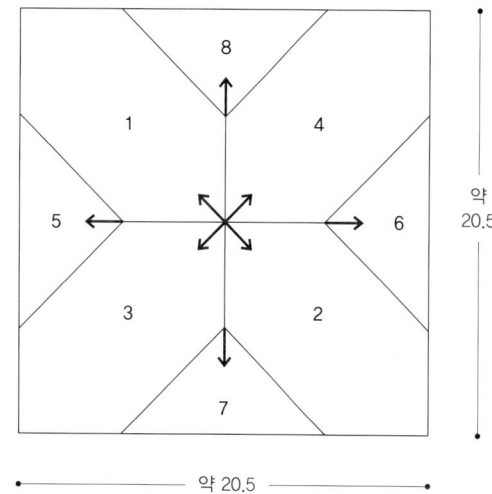

약 20.5

약 20.5

피스 1, 2, 3, 4

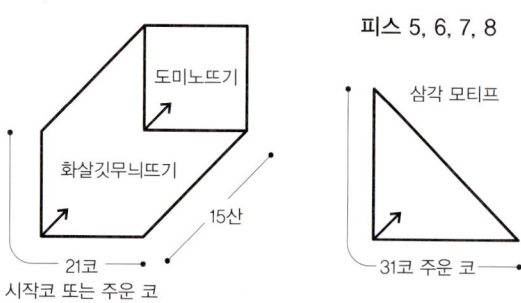

도미노뜨기
화살깃무늬뜨기
15산
21코
시작코 또는 주운 코

피스 5, 6, 7, 8

삼각 모티프
31코 주운 코

31단째부터는 잿빛 도는 노란색으로 기본 도미노뜨기를 한다
• 이 방법으로 2장 뜨고(피스 1, 2), 3장째, 4장째는 이 피스의 사이에서 코를 줍는다
• 붉은색의 시작코에서 잿빛 도는 노란색으로 10코를 주운 다음 다른 1장의 붉은색 시작코 피스의 끝을 겹쳐 1코, 이어서 남은 10코를 주워 피스 1, 2와 같은 방법으로 2단마다 실을 바꿔서 30단까지 뜨고, 마지막은 붉은색으로 도미노뜨기를 한다

〈삼각 모티프(피스 5, 6, 7, 8) 뜨개 방법〉
1단째: 줄무늬 피스에서 31코를 줍는다(색은 그림 참조)
2단째: 걸러뜨기, 겉뜨기 29코, 안뜨기 1코
3단째: 오른코 겹쳐 2코 모아뜨기, 겉뜨기 12코, 오른코 겹쳐 3코 모아뜨기, 겉뜨기 13코, 안뜨기 1코
4단째: 오른코 겹쳐 2코 모아뜨기, 겉뜨기 25코, 안뜨기 1코
끝에서는 매 단 뜨는 콧수를 1코씩 번갈아 줄여 9단째에서는 실을 바꾸고 17단째에서 오른코 겹쳐 3코 모아뜨기를 한 다음 실을 자른다

〈아이코드 테두리 뜨기〉
4장의 모티프를 연결한 다음 둘레에서 잿빛 도는 노란색으로 그림의 콧수를 줄바늘로 줍고, 뜨개 시작 위치에서 줄바늘에 4코의 시작코를 만들어 5호 바늘로 뜬다(26페이지 참조)
2단째: 3코를 겉뜨기 한 다음 시작코의 1코와 주운 코 1코를 함께 오른코 겹쳐 2코 모아뜨기를 한다
3단째: 오른쪽 바늘의 코를 왼쪽 바늘에 다시 옮기고 2단째와 같은 방법으로 뜬다
4단째부터는 3단째와 같은 방법으로 뜬다
모서리 뜨개 방법: 2단 4코의 아이코드뜨기를 한 다음 3단째부터 다시 2단째와 같은 방법으로 뜬다

테두리 뜨기

아이코드 테두리 뜨기(잿빛 도는 노란색)

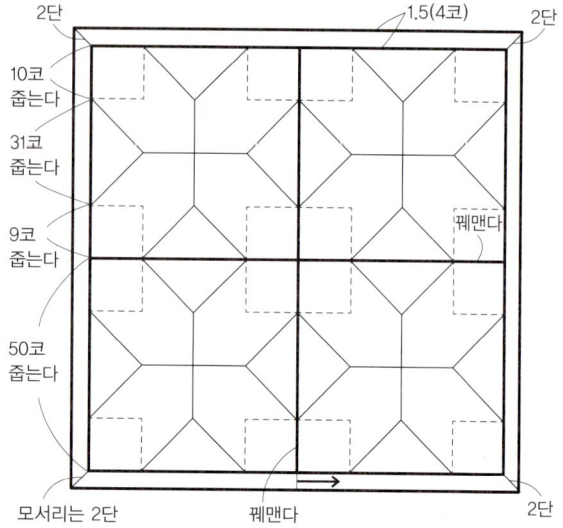

2단
1.5(4코)
2단
10코 줍는다
31코 줍는다
9코 줍는다
50코 줍는다
꿰맨다
모서리는 2단
꿰맨다
2단

※모티프 4장을 꿰맨다

피스 1, 2　　　　A = 붉은색　B = 잿빛 도는 노란색

피스 3, 4　　　　A = 잿빛 도는 노란색　B = 붉은색

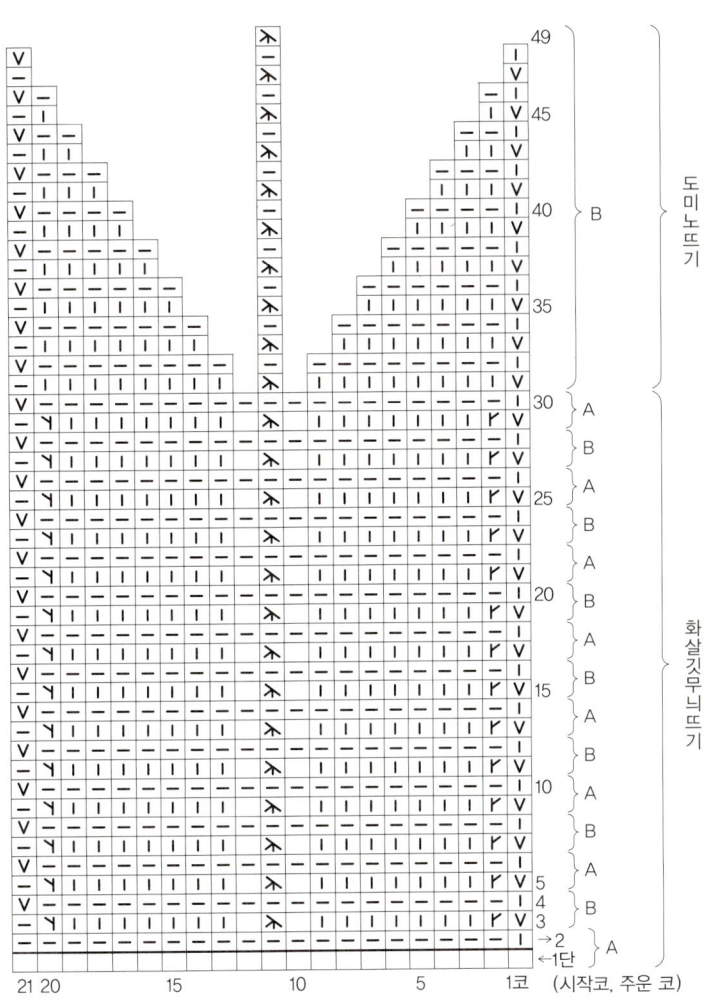

피스 5, 6　　　　A = 붉은색　B = 잿빛 도는 노란색

피스 7, 8　　　　A = 잿빛 도는 노란색　B = 붉은색

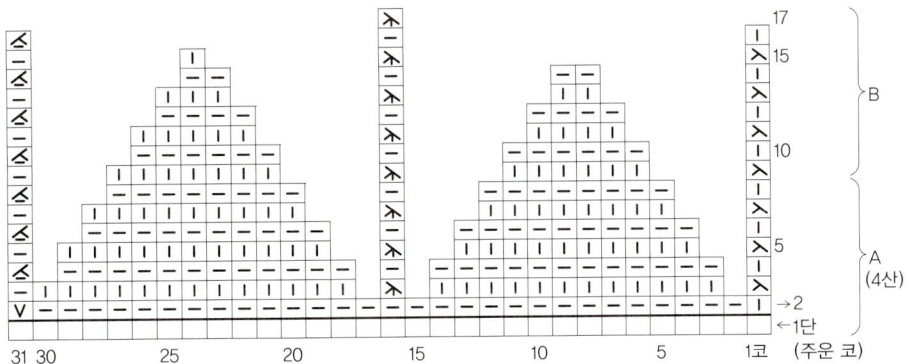

마음까지 편안해지는 간식 매트　*사진 11페이지

◎**재료**
아메리 베이지(21), 붉은색(5), 파란색(16) 각 20g
◎**도구**
4호 대바늘, 4호 80cm 줄바늘, 5호 대바늘 1개
◎**사용 모티프**
23코의 사각 모티프(약 5cm 사각)
◎**완성 사이즈**
세로 21cm, 가로 26cm
◎**뜨개 포인트**
〈**모티프 뜨개 방법**〉
1~8단째: 바탕색으로 기본 모티프를 뜬다
9단째: 오른쪽에서 4코까지는 바탕색, 5코째부터 배색으로 왼

쪽 4코 앞까지 뜬다. 실을 바탕색으로 바꿔 남은 4코를 뜬다
10~15단까지는 좌우의 4코를 바탕색으로 중앙을 배색으로 뜬
다. 실을 바꾸는 위치에서는 안쪽에서 실을 교차시켜 뜬다. 배
색 부분에 실이 걸치지 않게 뜨고, 바탕색은 실타래의 중심과
바깥쪽에서 실을 빼면 편하다.
16단째에서 마지막까지는 바탕색으로 뜬다
〈**테두리 뜨기**〉
• 모티프 20장을 이어서 뜬 다음 아이코드 테두리 뜨기를 한다.
먼저 4호 줄바늘로 가터뜨기의 1산에서 1코씩 1바퀴 줍고, 5호
바늘로 3코의 시작코를 만들어 아이코드 테두리 뜨기를 한다
• 모서리에서는 아이코드뜨기만 10단 뜬다

모티프

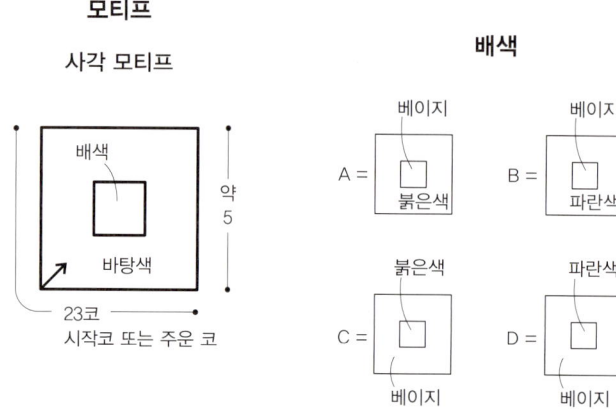

뜨는 방향과 배색

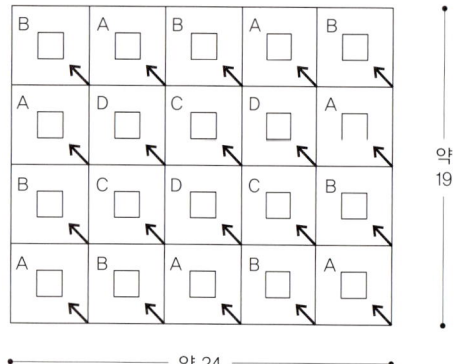

뜨는 순서

20	19	18	17	16
15	14	13	12	11
10	9	8	7	6
5	4	3	2	1

테두리 뜨기

아이코드 테두리 뜨기(베이지·26페이지 참조)

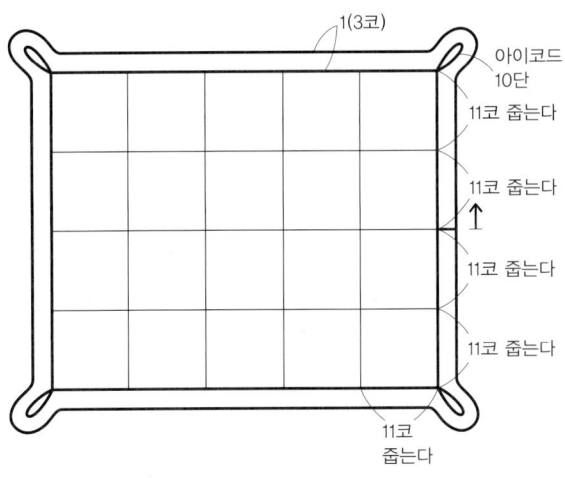

1(3코)

아이코드
10단

11코 줍는다

11코 줍는다

11코 줍는다

11코 줍는다

11코
줍는다

사각 모티프

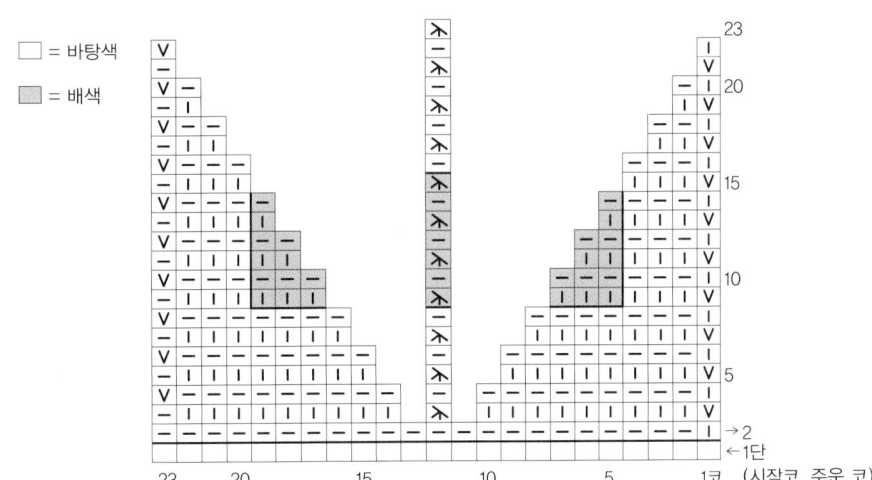

□ = 바탕색

▨ = 배색

1코 (시작코, 주운 코)

색의 향연이 유쾌한 가방 덮개 *사진 12페이지

◎재료

아메리 노란색(25), 핑크(7), 오렌지(4), 녹색(14), 물색(29), 파란색(16) 각 조금씩(본체 56g, 테두리 뜨기 9g)

겉감(그레이 플라노) 140cm 너비 50cm

속주머니(목면) 100cm 너비 35cm

지름 2cm 단추 6개

◎도구

4호 대바늘, 4호 80cm 줄바늘, 5호 대바늘 1개

◎사용 모티프

21코의 사각 모티프(약 4.5cm 사각)

◎덮개 완성 사이즈

세로 약 31cm, 가로 약 23cm

◎뜨개 포인트

• 그림과 같이 숫자순으로 모티프를 이어서 뜨는데, 색 조합은 자유롭게 결정해 디자인하면 된다. 배색의 안쪽으로 실이 걸치지 않게 '간식 매트'의 요령으로 뜬다

• 위쪽에서 코를 주워 테두리를 가터뜨기로 단춧구멍을 만들며 뜬다

• 그다음 3방향에 아이코드 테두리 뜨기를 한다. 먼저 줄바늘로 1산에서 1코 줍고 26페이지의 요령으로 3코의 시작코를 만들어 5호 바늘로 아이코드 테두리 뜨기를 한다

모티프

사각 모티프

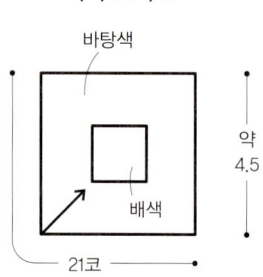

바탕색

배색

약 4.5

21코
시작코 또는 주운 코

뜨는 순서와 방향

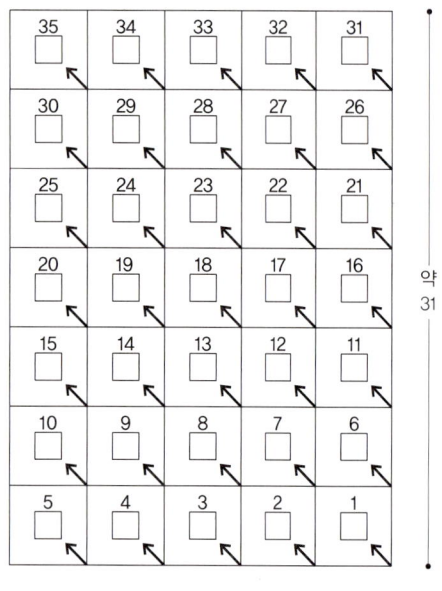

약 31

약 23

배색

모티프	바탕색	배색	모티프	바탕색	배색
1	녹색	오렌지	19	물색	노란색
2	물색	파란색	20	오렌지	파란색
3	오렌지	녹색	21	녹색	노란색
4	파란색	핑크	22	오렌지	파란색
5	물색	노란색	23	물색	녹색
6	물색	핑크	24	파란색	핑크
7	파란색	오렌지	25	노란색	파란색
8	녹색	노란색	26	물색	파란색
9	물색	파란색	27	파란색	노란색
10	오렌지	녹색	28	녹색	핑크
11	오렌지	파란색	29	오렌지	녹색
12	물색	노란색	30	물색	오렌지
13	핑크	파란색	31	핑크	노란색
14	녹색	오렌지	32	물색	파란색
15	물색	핑크	33	오렌지	녹색
16	물색	오렌지	34	파란색	핑크
17	녹색	핑크	35	녹색	노란색
18	파란색	오렌지			

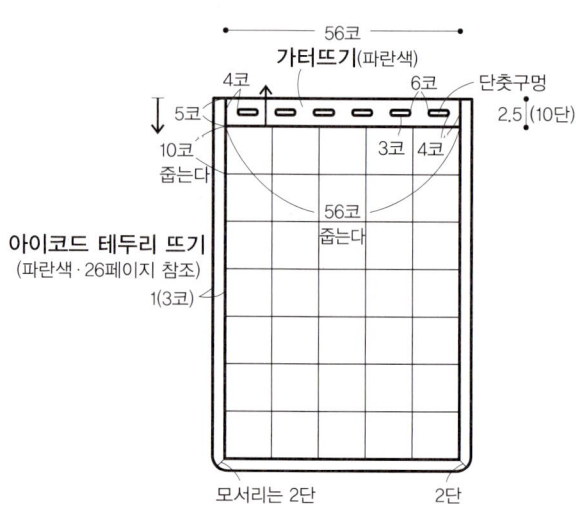

56코

가터뜨기(파란색)

4코

5코

단춧구멍

2.5 (10단)

10코 줄는다

3코 4코

56코 줄는다

아이코드 테두리 뜨기
(파란색·26페이지 참조)

1(3코)

모서리는 2단

2단

사각 모티프

□ = 바탕색
■ = 배색

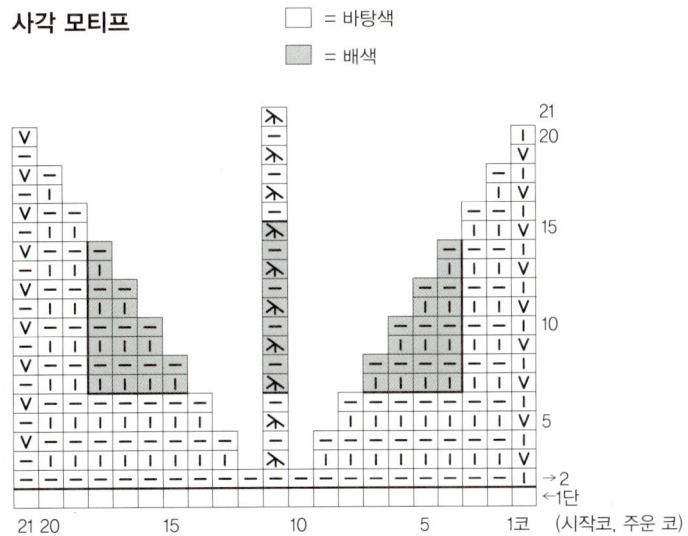

21 20　　　　15　　　　　10　　　　　5　　　　1코　(시작코, 주운 코)

단춧구멍

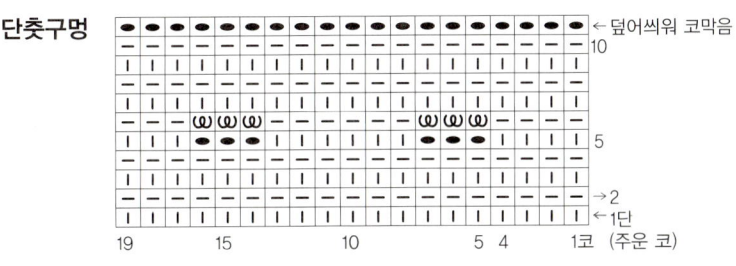

← 덮어씌워 코막음

19　　　15　　　　10　　　5　4　　1코　(주운 코)

※단춧구멍은 5단째에서 3코 덮어씌우기, 6단째에서 3회 감아코,
　다음 단에서 그 감아코를 비틀어서 뜬다

가방 본체

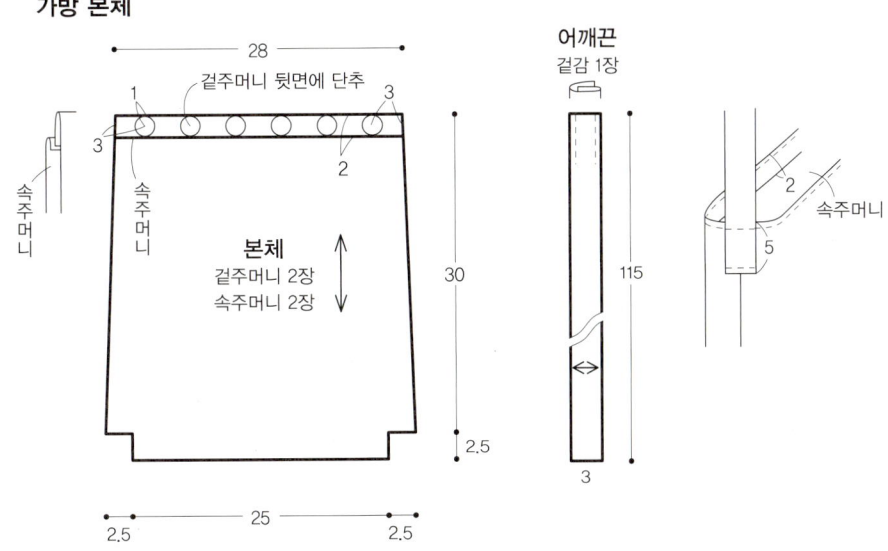

변형 크로스 무늬의 가방 덮개 *사진 13페이지

◎재료
멘즈 클럽 마스터 오렌지(60), 블루(66), 베이지(27) 각 30g
◎도구
6호 대바늘, 6호 80cm 줄바늘, 8호 대바늘 1개, 8/0호 코바늘
◎사용 모티프
31코의 사각 모티프(약 9cm 사각), 31코의 삼각 모티프
◎덮개 완성 사이즈
너비 약 25cm, 길이 약 33.5cm
◎뜨개 포인트
가방 본체의 재료와 제도는 p.53~55를 참조한다

〈화살깃무늬뜨기와 도미노뜨기의 모티프(모티프 1, 2, 3, 4) 뜨개 방법〉

1단째(시작코): 오렌지로 21코의 떠서 만드는 시작코를 만든다
2단째: 1단 겉뜨기. 마지막 코는 안뜨기
3단째: 걸러뜨기, 코늘림, 겉뜨기 8코, 오른코 겹쳐 3코 모아뜨기, 겉뜨기 8코, 코늘림, 안뜨기 1코
4단째: 걸러뜨기, 겉뜨기 19코, 안뜨기 1코
5단째에서 30단째까지는 3, 4단과 같은 방법으로 15산(30단) 뜬다

31단째부터는 기본 도미노뜨기로 뜬다

• 이 방법으로 2장(모티프 1, 2)을 뜨고 3장째, 4장째는 이 모티프 사이에서 코를 줄는다
• 오렌지의 시작코에서 베이지로 10코를 주운 다음 다른 1장의 모티프 끝에서 1코, 이어서 남은 10코를 주워 2단 뜬다
• 3단째부터는 오렌지로 바꿔 처음 모티프와 같은 방법으로 3장째, 4장째를 뜬다

〈삼각 모티프(모티프 5, 6, 7) 뜨개 방법〉
• 모티프 1과 3, 1과 4, 2와 4의 사이 3곳에 삼각 모티프를 뜬다

〈사각 모티프(모티프 8) 뜨개 방법〉
• 2와 3의 사이에 도미노뜨기로 사각 모티프를 뜬다

〈마무리〉
• 사각 모티프 뜬 부분을 아래로 하여 위쪽에서 43코를 줍고, 베이지로 가터뜨기 8단을 떠서 덮어씌운 다음 코바늘로 단춧고리를 뜬다
• 블루로 둘레에서 줄바늘로 코를 주워(1산에서 1코) 8호 바늘로 3코의 아이코드 테두리 뜨기를 한다. 모서리에서는 2단 아이코드뜨기를 한다

뜨는 순서와 방향

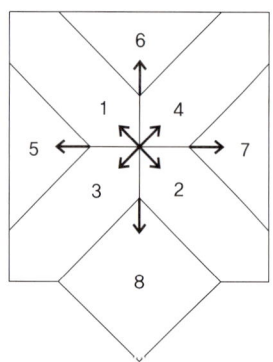

※8장의 모티프를 이어서 뜬다

모티프 1, 2, 3, 4

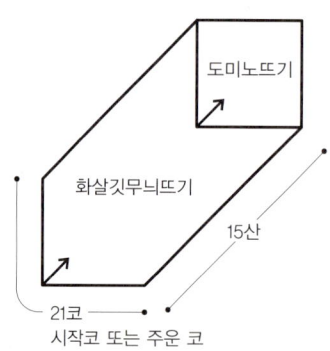

도미노뜨기
화살깃무늬뜨기
15산
21코
시작코 또는 주운 코

모티프 5, 6, 7

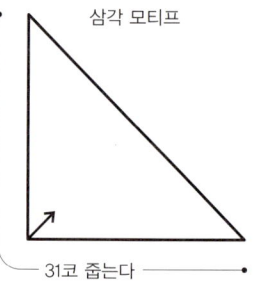

삼각 모티프
31코 줍는다

모티프 8

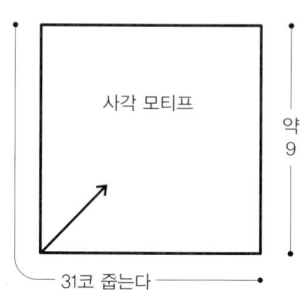

사각 모티프
약 9
31코 줍는다

☆ = 모티프 1, 2는 오렌지
모티프 3, 4는 베이지

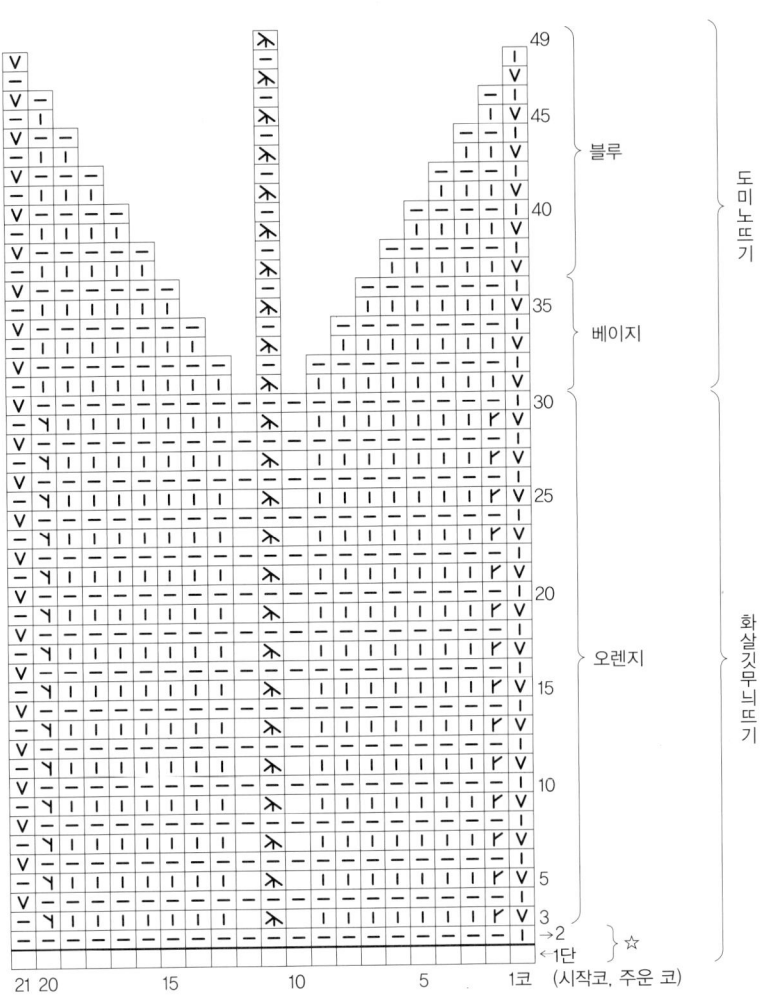

블루

베이지

오렌지

도미노뜨기

화살깃무늬뜨기

49
45
40
35
30
25
20
15
10
5
3
→2
←1단 } ☆

21 20   15   10   5   1코 (시작코, 주운 코)

모티프 5, 6, 7
삼각 모티프

블루

베이지
(3산)

17
15
10
5
→2
←1단 (주운 코)

31 30   25   20   16 15   10   5 4   1코 (주운 코)

모티프 8

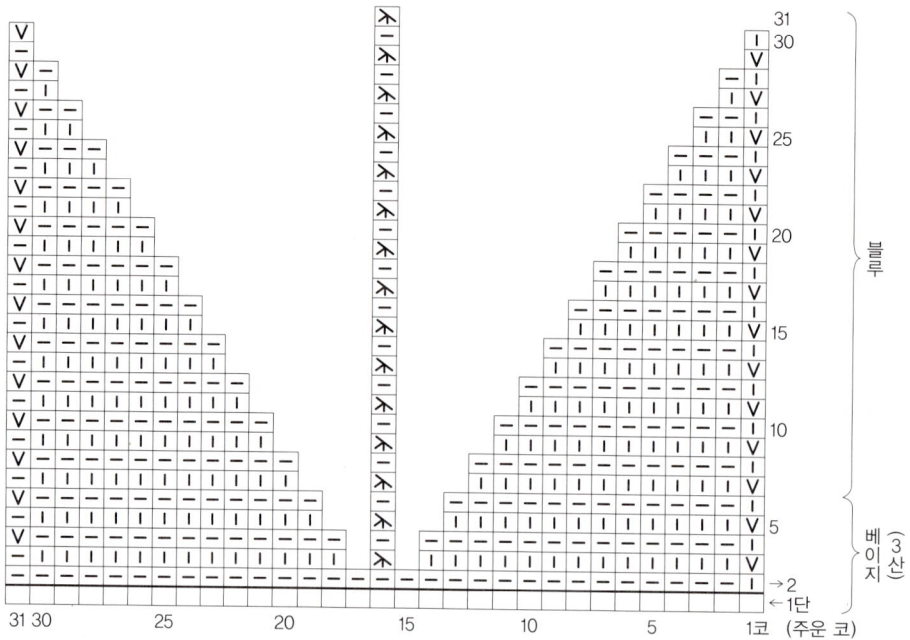

마무리

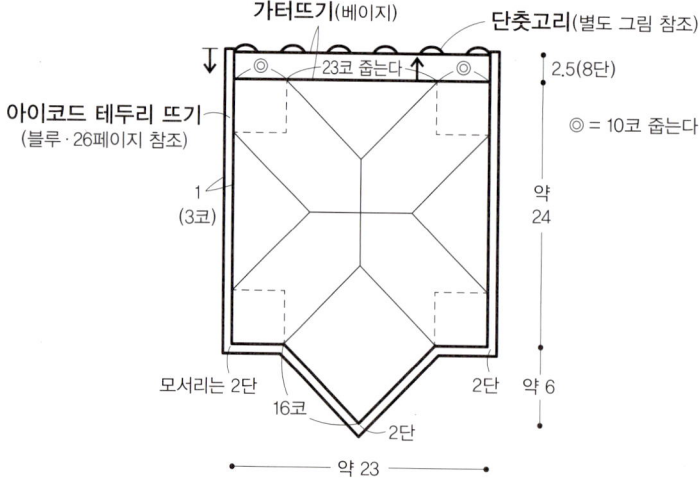

단춧고리

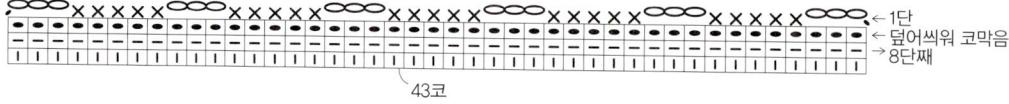

지그재그 무늬의 심플한 베스트 *사진 14페이지

◎**재료**
소노모노 트위드 차콜 그레이(75) 135g, 베이지(72) 110g, 그레이(74) 70g

◎**도구**
4호 대바늘, 4호 80cm 줄바늘, 5호 대바늘 1개

◎**사용 모티프**
25코의 사각 모티프(약 5.5cm 사각), 23코의 사각 모티프(약 5cm 사각)

◎**완성 사이즈**
가슴둘레 82cm, 길이 약 53cm

◎**뜨개 포인트**

〈앞 몸판〉
1열째: 왼쪽의 1에서 오른쪽으로 이어서 뜬다
2열째: 오른쪽의 7에서 왼쪽으로 이어서 뜬다
3열째부터는 1열째 2열째와 같은 방향으로 이어서 뜨고, 43~54의 모티프는 23코의 모티프로 한다
어깨의 2장을 뜨면 앞 몸판이 완성된다

〈뒤 몸판〉
어깨에서 연결해 23코의 모티프를 이어서 뜬다
1열째: 57에서 이어서 뜬다
2열째: 63에서 이어서 뜬다
3열째부터는 1열째 2열째와 같은 방향으로 이어서 뜨고, 4열째부터는 25코의 모티프로 10열째까지 이어서 뜬다

〈옆〉
• 앞 몸판의 왼쪽 옆과 뒤 몸판의 오른쪽 옆에 화살깃무늬뜨기를 이어서 뜬다
• 화살깃무늬는 31코의 시작코를 만들어 몸판의 모티프 1장에 붙여서 9산, 색을 바꾸며 7열째까지 뜬다
• 화살깃무늬 파트의 오른쪽은 몸판과 꿰맨다

〈테두리 뜨기〉
• 목둘레는 코를 주워 가터뜨기로 뜨고, 모서리에서는 도미노뜨기의 중앙처럼 오른코 겹쳐 3코 모아뜨기로 코를 줄여 6단 뜬 다음 덮어씌워 코막음 한다
• 진동둘레는 몸판에서 67코, 화살깃무늬뜨기에서는 29코를 주워 가터뜨기를 6단 뜬 다음 덮어씌워 코막음 한다
• 밑단은 아이코드 테두리 뜨기를 한다. 모티프 1장에서 12코씩, 화살깃무늬 부분에서는 29코를 줄바늘로 주워 5호 바늘로 3코의 아이코드 테두리 뜨기를 한다

뜨는 순서와 방향

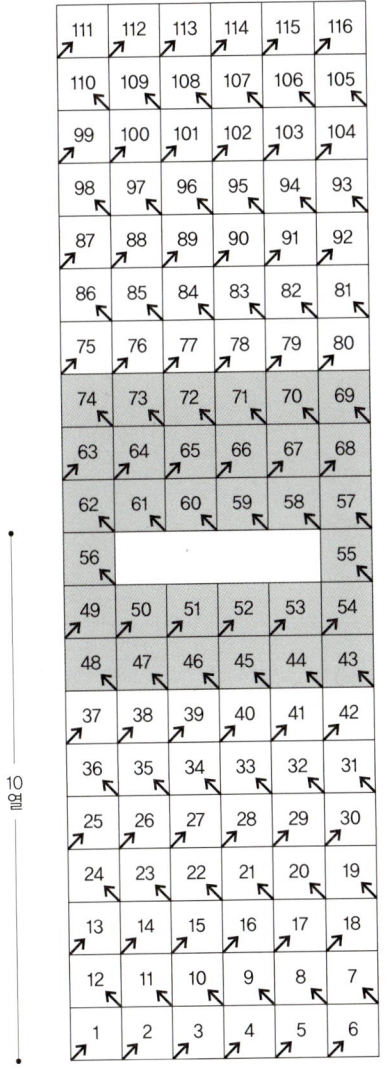

모티프

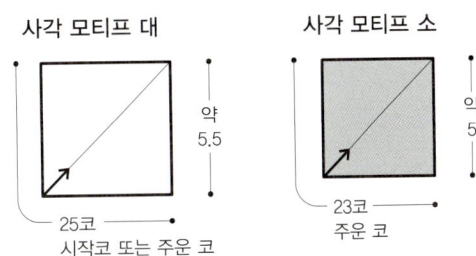

사각 모티프 대

약 5.5

25코
시작코 또는 주운 코

사각 모티프 소

약 5

23코
주운 코

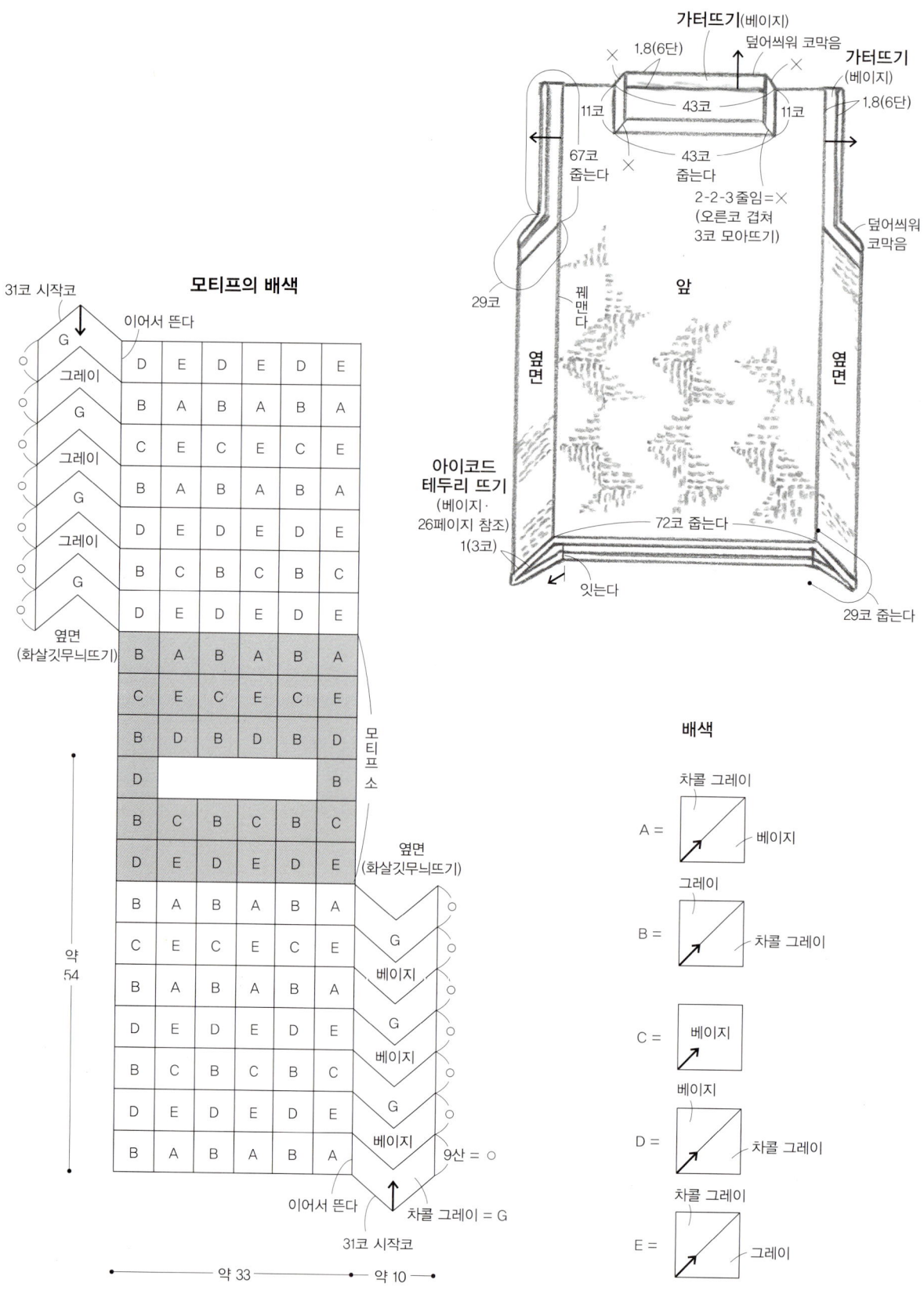

사각 모티프 대

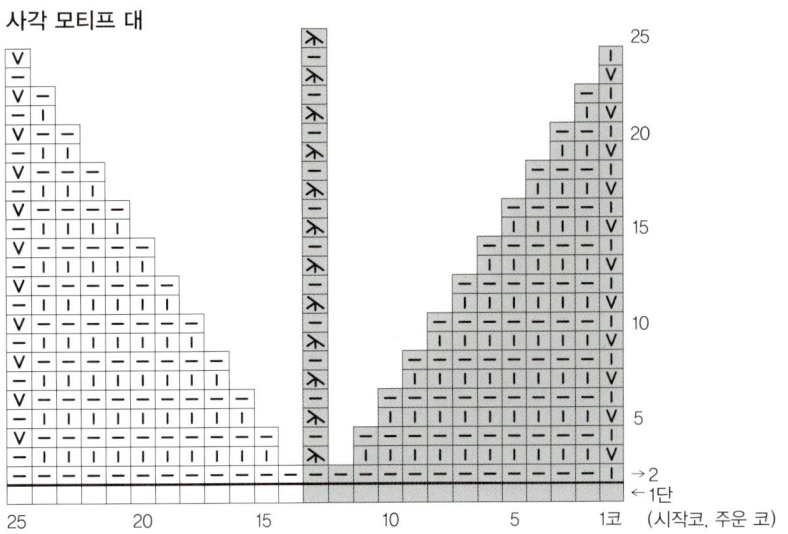

사각 모티프 소

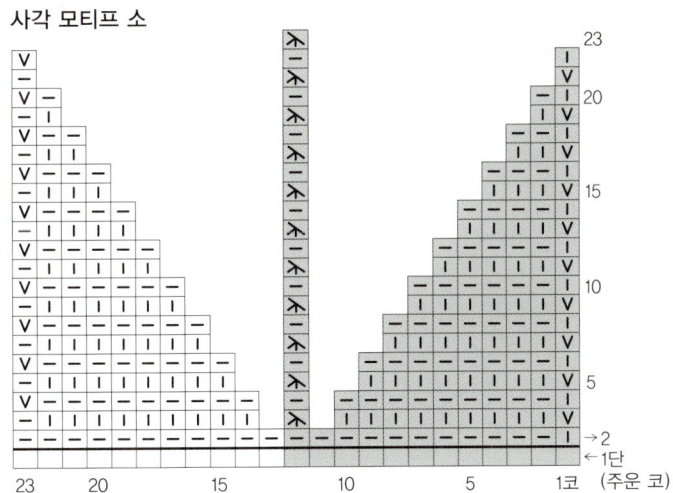

화살깃무늬뜨기

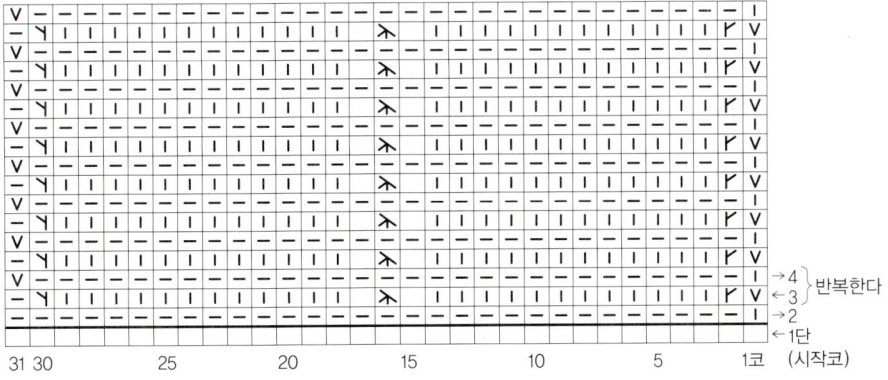

폭신한 모헤어의 숄 베스트 *사진 16페이지

◎재료
알파카 모헤어 파인 겨자색(14), 벽돌색(15) 각 70g

◎도구
6호 대바늘, 7/0호 코바늘

◎사용 모티프
74코의 사각 모티프(약 21cm 사각)

◎완성 사이즈
가슴둘레 약 88cm, 길이 약 50cm

◎뜨개 포인트

〈모티프 뜨개 방법〉

1단째: 37코씩 색을 바꿔서 시작코

2단째: 시작코와 같은 색으로 겉뜨기. 실을 바꾸는 곳에서는 안쪽에서 교차시켜 뜬다

3단째(겉면): 걸러뜨기, 34코 겉뜨기, 왼코 겹쳐 2코 모아뜨기, 실을 바꿔서 오른코 겹쳐 2코 모아뜨기, 겉뜨기 34코, 안뜨기 1코

4단째부터 짝수 단은 실을 바꾸면서 모두 겉뜨기. 마지막 단에서는 왼코 겹쳐 2코 모아뜨기

5단째부터 홀수 단은 실을 바꾸기 전 2코로 오른쪽은 왼코 겹쳐 2코 모아뜨기, 실을 바꾼 다음 오른코 겹쳐 2코 모아뜨기, 그 외는 기본 도미노뜨기와 같은 방법으로 뜬다

〈이어서 뜨는 방법〉

• 그림과 같이 6장을 이어서 뜬 다음 모티프 5에서 주운 코와 시작코(코바늘로 만든다)로 모티프 7을 뜬다. 이 시작코는 소매 트임이 되므로 코바늘로 만드는 시작코로 한다

• 모티프 8은 7과 1에서 코를 주워 뜬다

• 모티프 9는 코바늘로 시작코를 만들어 6에서 코를 주워 뜬다

• 모티프 10은 3과 9에서 코를 주워 뜬다

• 별도의 테두리 뜨기 없이 완성한다

• 길게 하고 싶은 경우는 밑단 부분에 모티프를 추가하면 된다

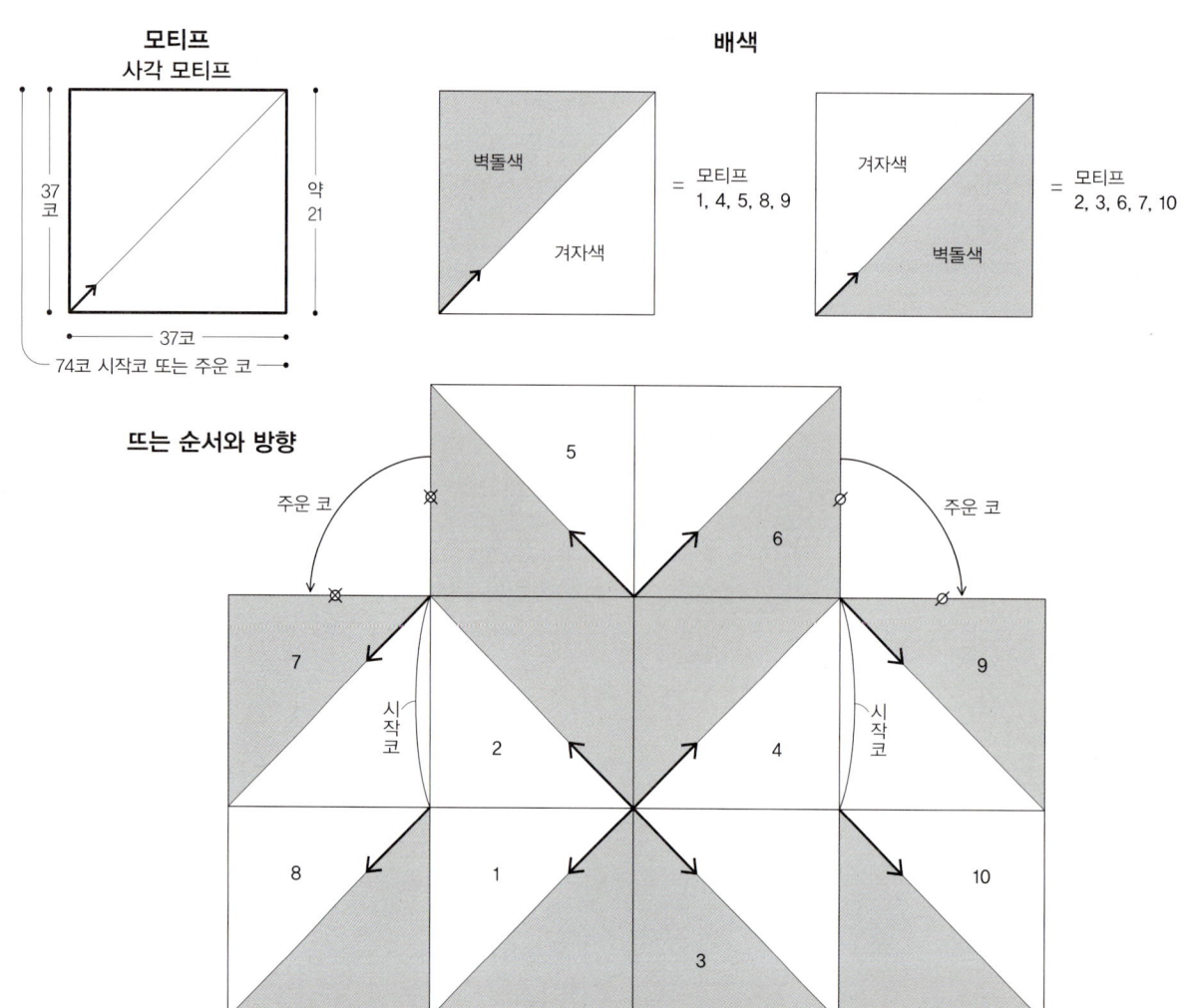

모티프
사각 모티프
37코
약 21
37코
74코 시작코 또는 주운 코

배색
벽돌색 / 겨자색 = 모티프 1, 4, 5, 8, 9
겨자색 / 벽돌색 = 모티프 2, 3, 6, 7, 10

뜨는 순서와 방향
주운 코   주운 코
시작코   시작코

마무리

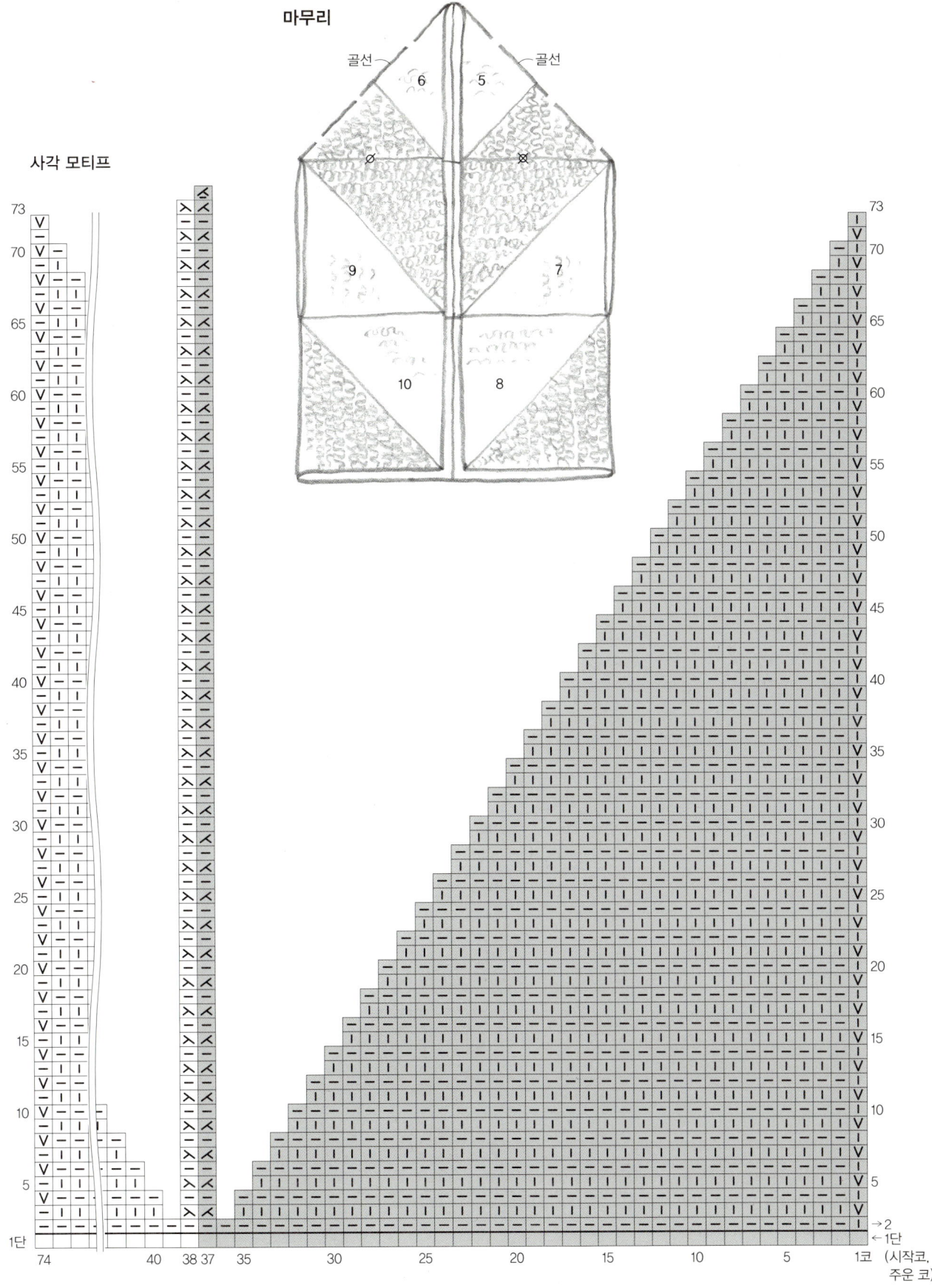

사각 모티프

골선 골선

6 5

∅ ⊗

9 7

10 8

73
70
65
60
55
50
45
40
35
30
25
20
15
10
5
1단

73
70
65
60
55
50
45
40
35
30
25
20
15
10
5
→2
←1단

74   40   38 37   35   30   25   20   15   10   5   1코 (시작코,
                                                                                         주운 코)

별사탕 백 *사진 18페이지

◎**재료**
아메리 터쿼이즈 블루(11), 감색(17) 각 30g, 노란색(25) 25g, 속주머니용 목면 50×35cm

◎**도구** 3호 대바늘, 3호 80cm 줄바늘, 5호 대바늘 1개

◎**사용 모티프**
19코의 사각 모티프(약 4cm 사각), 21코의 사각 모티프(약 4.5cm 사각), 23코의 사각 모티프(약 5cm 사각), 23코의 삼각 모티프

◎**완성 사이즈** 높이 15cm, 바닥 지름 약 12cm

◎**뜨개 포인트**

〈**바닥**〉
1열째: 감색으로 19코의 사각 모티프를 6장 방사 모양으로 이어서 뜬다(모티프 1~6)
2열째: 감색의 모티프 사이에 터쿼이즈 블루로 19코의 사각 모티프를 뜬다(모티프 7~12)

〈**옆면**〉
3열째: 터쿼이즈 블루의 모티프에서 노란색으로 19코를 주워 더블로 뜬다(모티프 13~18)
4열째: 노란색의 모티프에서 감색으로 21코를 주워 사각 모티프를 뜬다(모티프 19~24)
5열째: 감색에서 터쿼이즈 블루로 21코를 주워 더블로 뜬다(모티프 25~30)
6열째: 터쿼이즈 블루에서 노란색으로 21코를 주워 사각 모티프를 뜬다(모티프 31~36)
7열째: 노란색에서 감색으로 21코를 주워 더블로 뜬다(모티프 37~42)
8열째: 감색에서 터쿼이즈 블루로 23코를 주워 사각 모티프를 뜬다(모티프 43~48)
9열째: 터쿼이즈 블루에서 노란색으로 23코를 주워 삼각 모티프를 뜬다(모티프 49~54)

〈**주머니 입구**〉
1단째: 줄바늘을 이용해 노란색으로 72코 줍는다
2단째: 감색으로 안뜨기
3단째: 터쿼이즈 블루로 겉뜨기
4단째: 감색으로 안뜨기
줄바늘에 감색으로 4코의 시작코를 만들어 5호 바늘로 아이코드 테두리 뜨기를 한다(26페이지 참조). 뜨기가 끝나면 시작코와 마지막 4코를 잇는다

〈**손잡이**〉
• 터쿼이즈 블루로 4코의 주머니뜨기(3호 바늘)를 하여 30cm 2개를 만든다. 주머니뜨기는 4코의 시작코를 만들어 [겉뜨기, 실을 안쪽으로 해서 안뜨기 하듯이 걸러뜨기, 겉뜨기, 걸러뜨기], 바늘을 바꿔 쥐고 앞의 [겉뜨기~걸러뜨기] 부분을 반복한다
• 손잡이는 속주머니를 넣고 나서 꿰맨다

〈**삼각 모티프 뜨개 방법**〉
1단째(주운 코): 23코
2단째: 겉뜨기 22코, 안뜨기 1코
3단째: 오른코 겹쳐 2코 모아뜨기, 겉뜨기 8코, 오른코 겹쳐 3코 모아뜨기, 겉뜨기 9코, 안뜨기 1코
4단째: 오른코 겹쳐 2코 모아뜨기, 겉뜨기 17코, 안뜨기 1코
5단째: 오른코 겹쳐 2코 모아뜨기, 겉뜨기 6코, 오른코 겹쳐 3코 모아뜨기, 겉뜨기 7코, 안뜨기 1코
6단째: 오른코 겹쳐 2코 모아뜨기, 겉뜨기 13코, 안뜨기 1코
7단째: 오른코 겹쳐 2코 모아뜨기, 겉뜨기 4코, 오른코 겹쳐 3코 모아뜨기, 겉뜨기 5코, 안뜨기 1코
8단째: 오른코 겹쳐 2코 모아뜨기, 겉뜨기 9코, 안뜨기 1코
9단째: 오른코 겹쳐 2코 모아뜨기, 겉뜨기 2코, 오른코 겹쳐 3코 모아뜨기, 겉뜨기 3코, 안뜨기 1코
10단째: 오른코 겹쳐 2코 모아뜨기, 겉뜨기 5코, 안뜨기 1코
11단째: 오른코 겹쳐 2코 모아뜨기, 오른코 겹쳐 3코 모아뜨기, 겉뜨기 1코, 안뜨기 1코
12단째: 오른코 겹쳐 2코 모아뜨기, 겉뜨기 1코, 안뜨기 1코
13단째: 오른코 겹쳐 3코 모아뜨기

모티프

사각 모티프

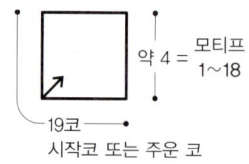

약 4 = 모티프 1~18
19코
시작코 또는 주운 코

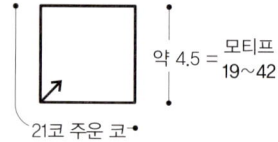

약 4.5 = 모티프 19~42
21코 주운 코

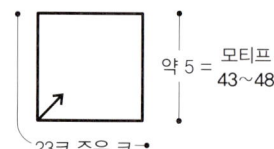

약 5 = 모티프 43~48
23코 주운 코

삼각 모티프

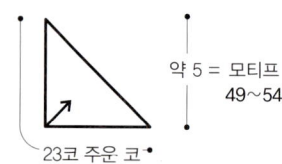

약 5 = 모티프 49~54
23코 주운 코

뜨는 순서와 방향

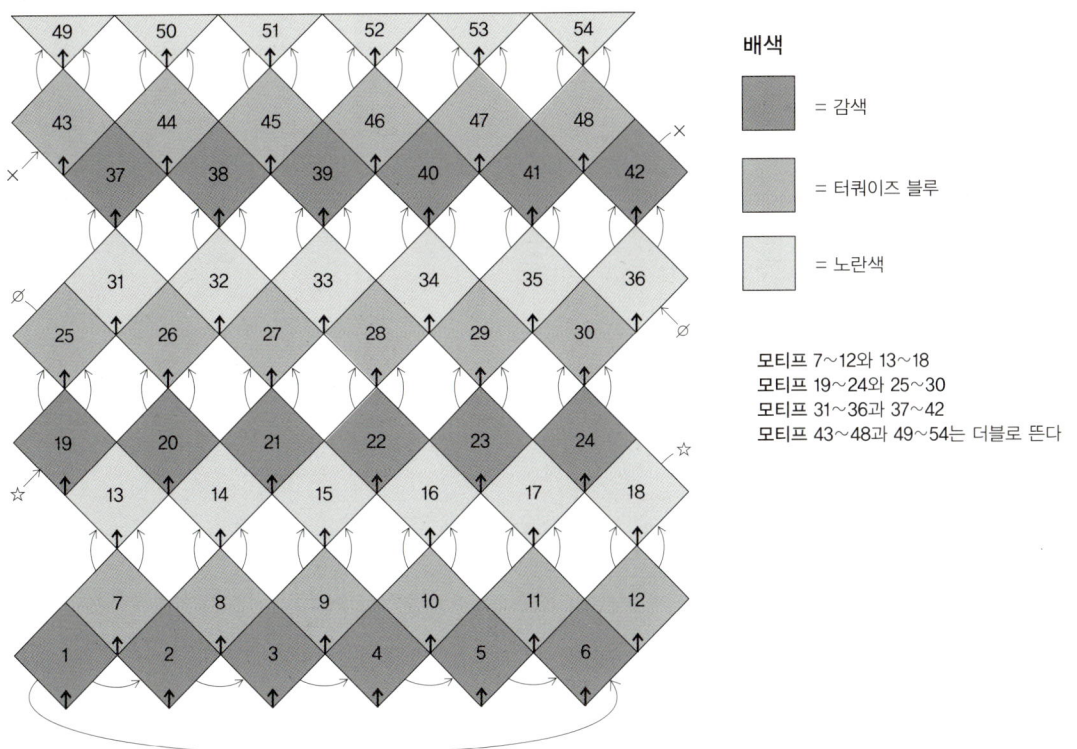

배색

■ = 감색

■ = 터쿼이즈 블루

□ = 노란색

모티프 7~12와 13~18
모티프 19~24와 25~30
모티프 31~36과 37~42
모티프 43~48과 49~54는 더블로 뜬다

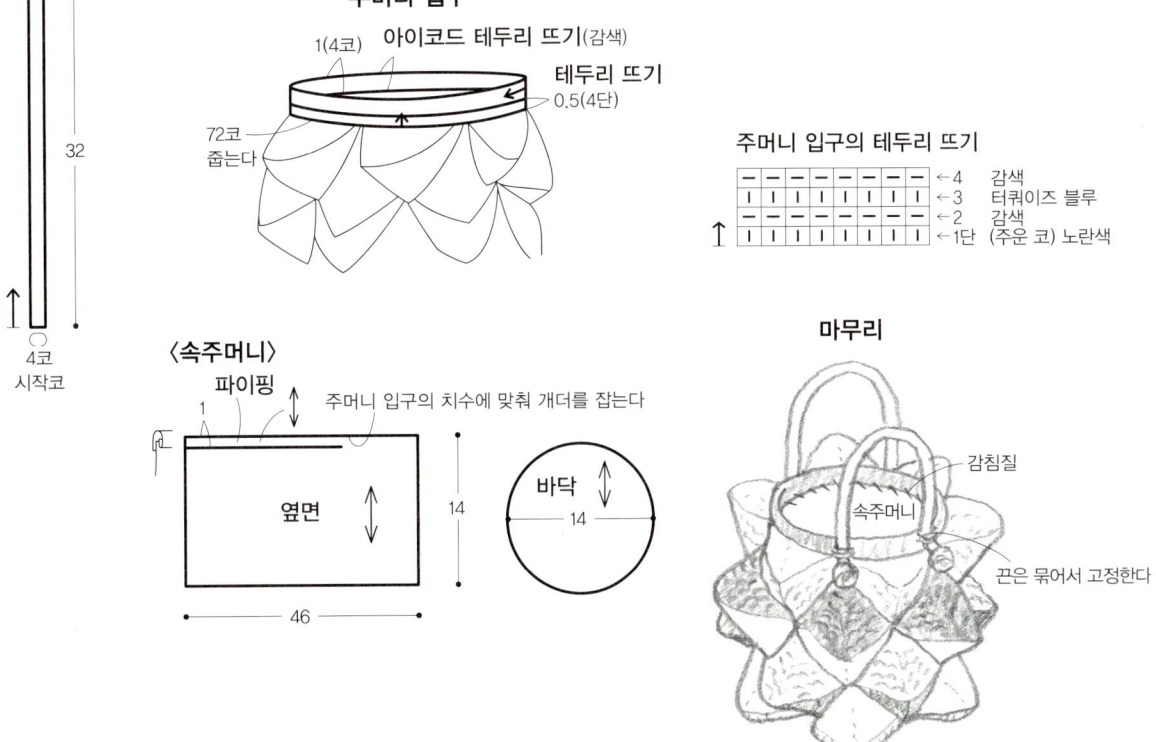

손잡이(2개·주머니뜨기·터쿼이즈 블루)

32

4코
시작코

주머니 입구

1(4코)
아이코드 테두리 뜨기(감색)

테두리 뜨기
0.5(4단)

72코
줍는다

주머니 입구의 테두리 뜨기

−	−	−	−	−	−	−	← 4	감색
I	I	I	I	I	I	I	← 3	터쿼이즈 블루
−	−	−	−	−	−	−	← 2	감색
I	I	I	I	I	I	I	←1단	(주운 코) 노란색

〈속주머니〉

파이핑
1

주머니 입구의 치수에 맞춰 개더를 잡는다

옆면

14

바닥
14

46

마무리

감침질

속주머니

끈은 묶어서 고정한다

사각 모티프
모티프 1~18

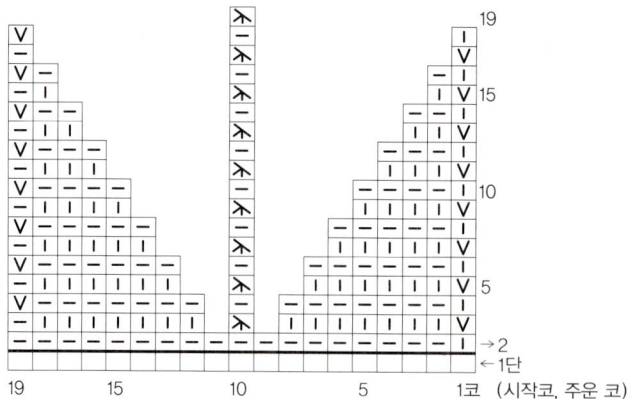

모티프 19~42

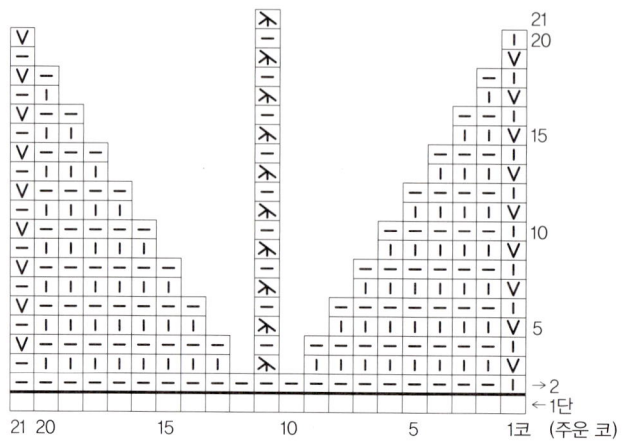

모티프 43~48

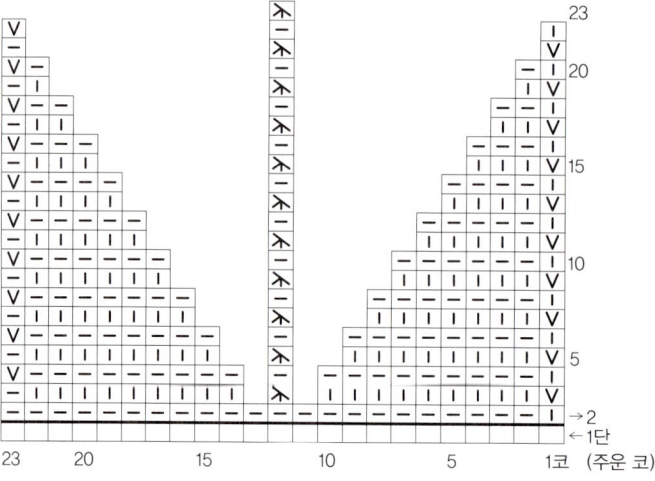

삼각 모티프
모티프 49~54

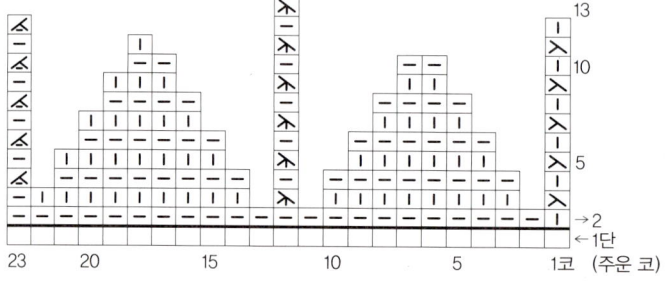

66

화살깃무늬뜨기의 하늘하늘한 스톨　＊사진 27페이지

◎**재료**
알파카 모헤어 파인 〈그러데이션〉 블루 계열(107), 물색 계열
(110) 각 50g

◎**도구**
5호 대바늘, 6/0호 코바늘

◎**사용 모티프**
19코의 화살깃무늬뜨기(약 6.5cm 너비), 19코의 사각 모티프

◎**완성 사이즈**
너비 약 26cm, 길이 약 124cm

◎**뜨개 포인트**
〈화살깃무늬뜨기 뜨개 방법〉
1단째: 시작코 19코
2단째: 겉뜨기 18코, 안뜨기 1코
3단째: 양 끝의 1코 안쪽에서 코를 늘리고, 중심에서는 도미노
뜨기와 같은 방법으로 오른코 겹쳐 3코 모아뜨기를 한다
4단째부터는 2, 3단째를 반복한다
・화살깃무늬의 1장째는 약 120cm를 뜬 곳에서 도미노뜨기의
사각 모티프를 떠서 마무리한다
・2장째의 화살깃무늬부터는 왼쪽 마지막 코를 뜰 때 이어서
뜬다(뜨개 방법은 29페이지 참조)
・4장 이어서 뜨면 완성

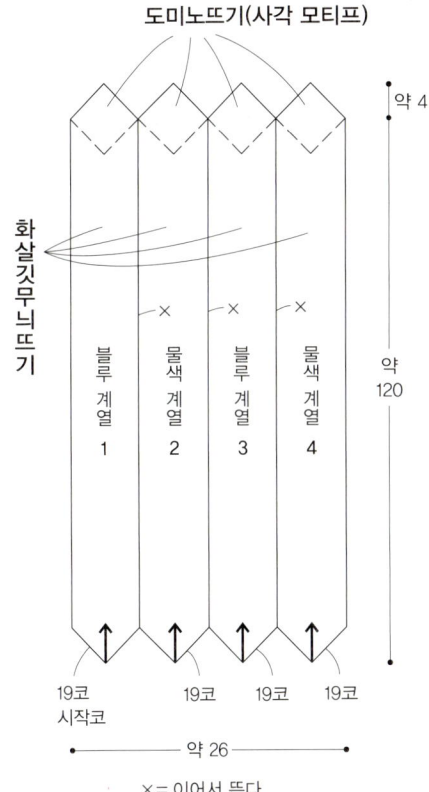

도미노뜨기(사각 모티프)

화살깃무늬뜨기

블루 계열 1
물색 계열 2
블루 계열 3
물색 계열 4

약 4
약 120

19코 시작코
19코　19코　19코

약 26

×＝이어서 뜬다

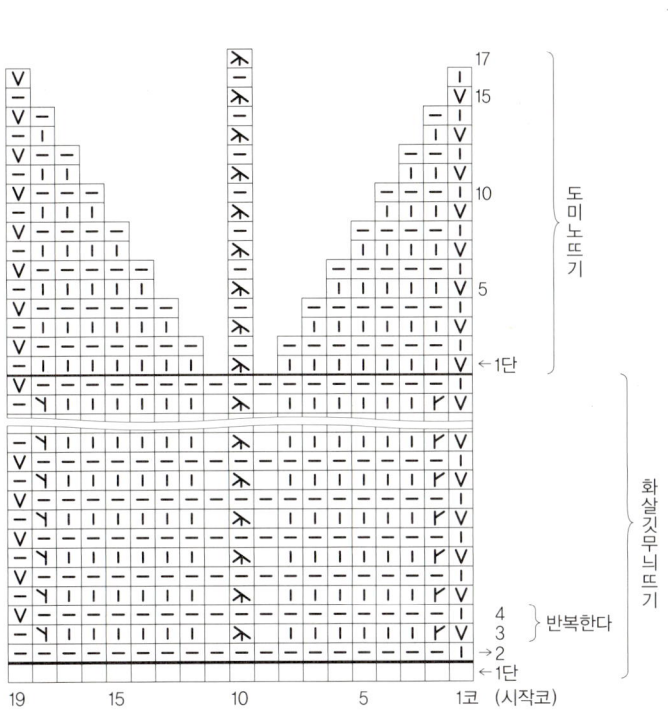

뜨개 방법

도미노뜨기

화살깃무늬뜨기

반복한다

19　15　10　5　1코 (시작코)

별사탕 넥워머 *사진 19페이지

◎재료
아메리 붉은색(5), 차콜 그레이(30) 각 40g
◎도구
4호 대바늘, 4호 80cm 줄바늘, 6/0호 코바늘
◎사용 모티프
23코의 사각 모티프(약 4.5cm 각각), 23코의 삼각 모티프
◎완성 사이즈
머리둘레 50cm, 길이 약 15cm
◎뜨개 포인트
〈본체〉

1 모티프를 더블로 6쌍 뜬다(모티프 ①~⑥)

3 1에서 뜬 모티프 사이에 차콜 그레이, 붉은색의 사각 모티프를 번갈아 떠서 원형을 만든다(모티프 7~12)

3 2에서 뜬 모티프에서 23코를 주워 붉은색과 차콜 그레이의 줄무늬를 더블로 뜬다(모티프 13~18)

4 3에서 뜬 모티프에서 차콜 그레이와 붉은색의 모티프를 번갈아 뜬다(모티프 19~24)

5 4의 모티프에 차콜 그레이와 붉은색의 줄무늬 삼각 모티프를 더블로 뜬다(모티프 25~30)

6 1의 모티프에서 2의 붉은색 모티프를 뜬 곳은 붉은색, 차콜 그레이를 뜬 곳은 차콜 그레이의 모티프를 뜬다(모티프 31~36)

〈테두리 뜨기〉

• 위쪽은 붉은색으로 84코를 주워 [안뜨기 1단, 겉뜨기 1단]을 2회(4단분) 뜨고, 마지막은 안뜨기로 덮어씌워 코막음 한다

• 아래쪽은 코바늘을 이용해 붉은색으로 모티프의 끝 코에 1산마다 빼뜨기로 1코를 뜨고 모서리에서는 사슬뜨기 3코를 1바퀴 뜬다

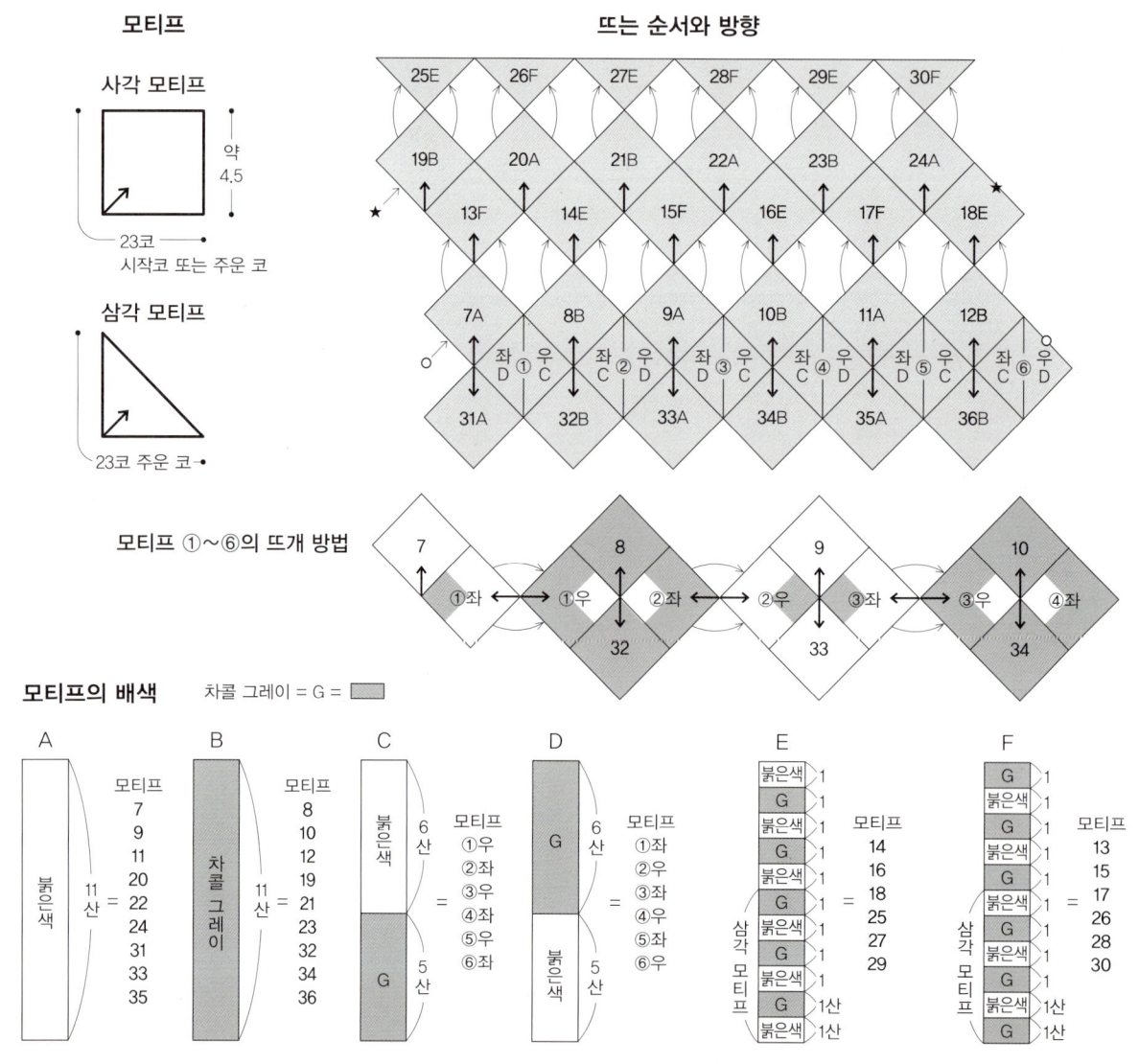

모티프

사각 모티프
약 4.5
23코
시작코 또는 주운 코

삼각 모티프
23코 주운 코

뜨는 순서와 방향

모티프 ①~⑥의 뜨개 방법

모티프의 배색
차콜 그레이 = G =

68

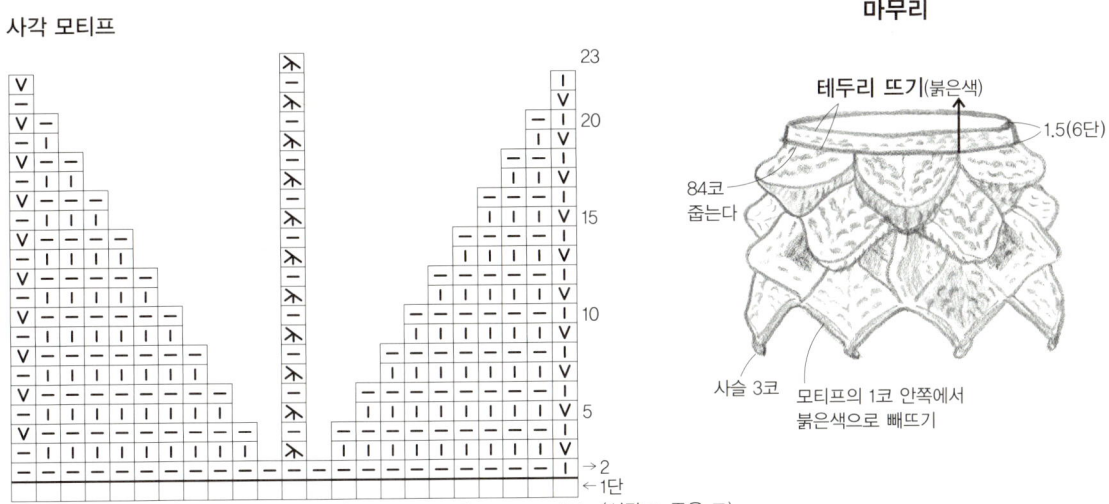

사각 모티프

23
20
15
10
5
→2
←1단
23 20 15 10 5 1코 (시작코, 주운 코)

삼각 모티프

12
10
5
→2
←1단
23 20 15 10 5 1코 (주운 코)

마무리

테두리 뜨기(붉은색)

1.5(6단)

84코 줍는다

사슬 3코

모티프의 1코 안쪽에서 붉은색으로 빼뜨기

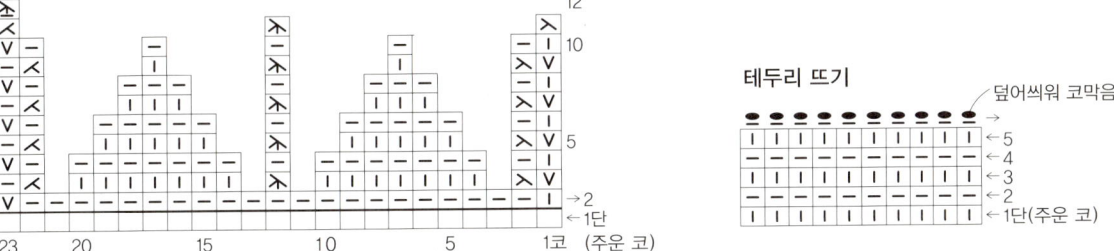

테두리 뜨기

덮어씌워 코막음

→
←5
←4
←3
←2
←1단(주운 코)

로그 캐빈 의자 매트 *사진 31페이지

◎재료

아란 트위드 진갈색(8) 45g, 베이지(2) 35g, 황토색(7), 원사(1) 각 25g, 블루(13), 핑크(5) 각 5g

◎도구

6호 대바늘, 6호 80cm 줄바늘, 8호 대바늘 1개

◎게이지

가터뜨기로 23코 40단이 사방 10cm

◎완성 사이즈

약 35cm 사각

◎뜨개 포인트

〈모티프 뜨개 방법〉

피스 1: 6코의 시작코를 만들어 5산 뜬다(시작코를 1단으로 세서 10단 뜬다)

피스 2: 피스 1의 오른쪽 끝에서 6코를 주워 같은 방법으로 10단 뜬다

피스 3, 4: 11코를 주워 10단 뜬다

피스 5: 16코를 주워 10단 뜬다

피스 6: 16코를 주워 7단 뜬 다음 8단째는 덮어씌워 코막음

피스 7, 8: 20코를 주워 7단 뜬 다음 8단째는 덮어씌워 코막음

피스 9: 24코를 주워 7단 뜬 다음 8단째는 덮어씌워 코막음

• 그림과 같이 9장의 모티프를 잇고, 모티프 1장의 테두리에서 줄바늘로 22코씩 주워 8호 바늘로 3코의 아이코드 테두리 뜨기를 실을 바꾸면서 뜬다. 모서리는 아이코드뜨기를 2단 뜬다

모티프

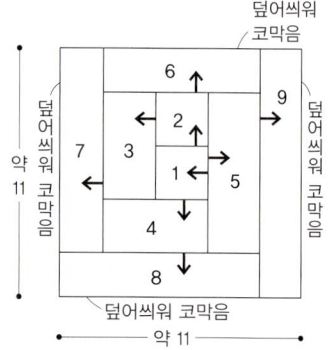

각 피스의 콧수와 산의 수

1, 2	6코×5산
3, 4	11코×5산
5	16코×5산
6	16코×4산
7, 8	20코×4산
9	24코×4산

모티프의 배색

	핑크 1	2, 3	4, 5	6, 7	8, 9
A	핑크	황토색	원사	진갈색	베이지
B	블루	황토색	원사	진갈색	베이지
C	핑크	원사	황토색	베이지	진갈색
D	블루	원사	황토색	베이지	진갈색

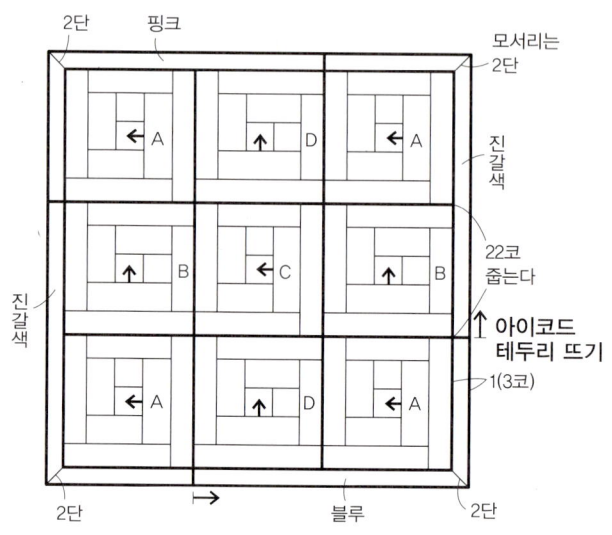

로그 캐빈 스타일의 쿠션 *사진 36페이지

◎재료
아란 트위드 진갈색(8) 80g, 베이지(2) 50g, 핑크(5) 40g, 황토색(7) 40g, 34cm 사각의 쿠션 솜

◎도구
6호 대바늘, 6호 80cm 줄바늘, 8호 대바늘 1개

◎게이지
가터뜨기로 17코 38단이 사방 10cm

◎완성 사이즈
약 34.5cm 사각

◎뜨개 포인트
피스 1: 10코×9산(18단／시작코를 1단으로 센다) 떠서 코는 바늘에 쉬어둔다

피스 2, 3: 피스 1의 양 끝에서 10코를 주워(1단째) 6산(12단) 뜬다

피스 4: 피스 1의 쉬어둔 코와 2, 3의 끝에서 각각 산과 같은 콧수(6코)를 주워 모두 22코로 6산(12단) 뜬다

피스 5: 피스 1의 시작코와 2, 3의 끝에서 각각 산과 같은 콧수(6코)를 주워 모두 22코로 6산(12단) 뜬다

피스 6부터도 같은 방법으로 쉬고 있는 코와 피스 끝에서 산과 같은 콧수를 주워 6산(12단) 뜬다

• 쿠션의 앞면과 뒷면에서 배색이 달라진다

• 피스 17까지 뜨면 피스 18은 줄바늘로 1바퀴 코를 주워 가터뜨기를 6단 뜨는데 모서리에서는 2단마다 코를 늘린다(그림 참조)

• 둘레는 8호 바늘로 3코의 아이코드 테두리 뜨기를 한다

• 안에 쿠션 솜을 넣으면서 2장을 꿰맨다

뜨개 방법과 배색 숫자는 뜨는 순서
알파벳은 배색

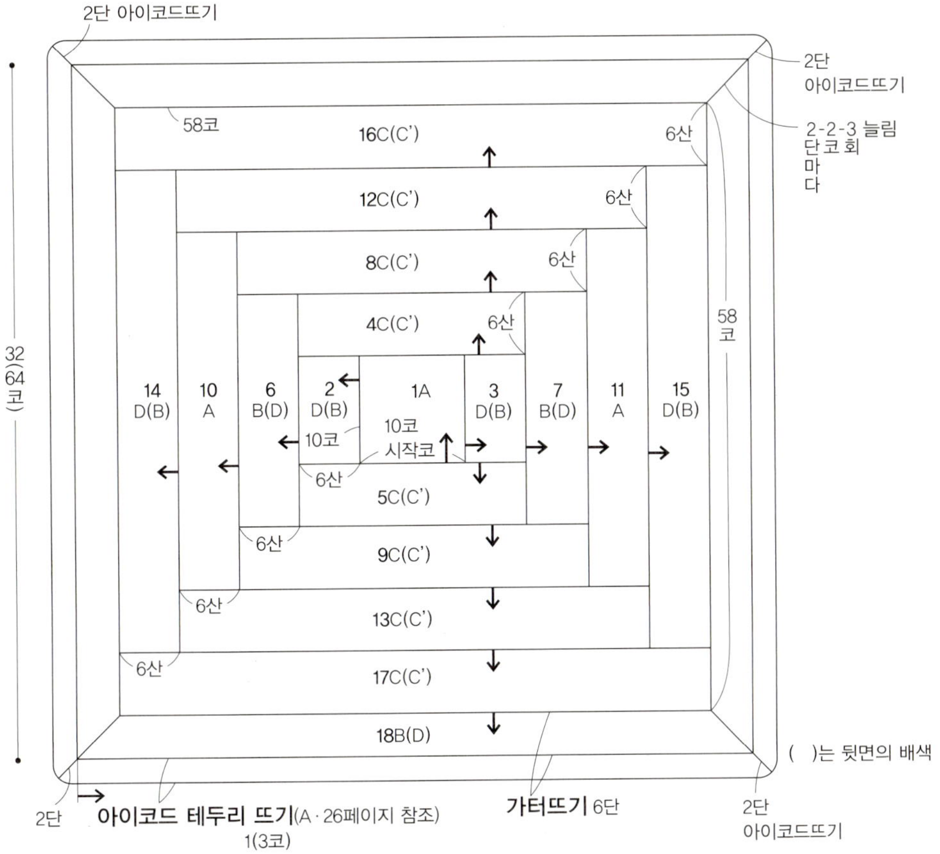

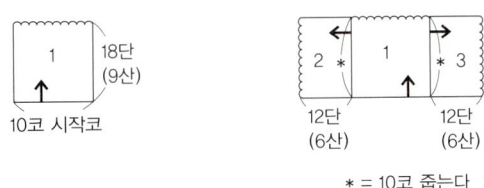

2단 아이코드뜨기

2단 아이코드뜨기

2-2-3 늘림 단코 회 마 다

58코

16C(C')

12C(C')

8C(C')

4C(C')

6산

6산

6산

6산

| 14 D(B) | 10 A | 6 B(D) | 2 D(B) | 1A 10코 시작코 | 3 D(B) | 7 B(D) | 11 A | 15 D(B) |

10코

6산

5C(C')

9C(C')

13C(C')

17C(C')

18B(D)

6산

6산

6산

58 코

32 64 코

2단 아이코드뜨기

2단 아이코드뜨기

2단 ← 아이코드 테두리 뜨기(A·26페이지 참조) 1(3코)

가터뜨기 6단

( )는 뒷면의 배색

A = 진갈색
B = 핑크
D = 황토색

줄무늬

C =
베이지
A
베이지
A
베이지
A

C' =
A
베이지
A
베이지
A
베이지

뜨개 방법의 규칙 ※시작코, 주운 코는 1단으로 센다

| 1 | 18단 (9산) |

10코 시작코

| 2 | * | 1 | * | 3 |

12단 (6산)   12단 (6산)

* = 10코 줄인다

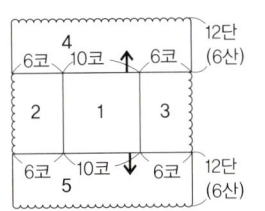

4
6코 10코 6코

12단 (6산)

| 2 | 1 | 3 |

6코 10코 6코

5

12단 (6산)

12단 (6산)

이후
1코에서 1코
1산에서 1코 주워
색을 바꾸면서
12단(6산) 뜬다

피스 18의 모서리 코늘림

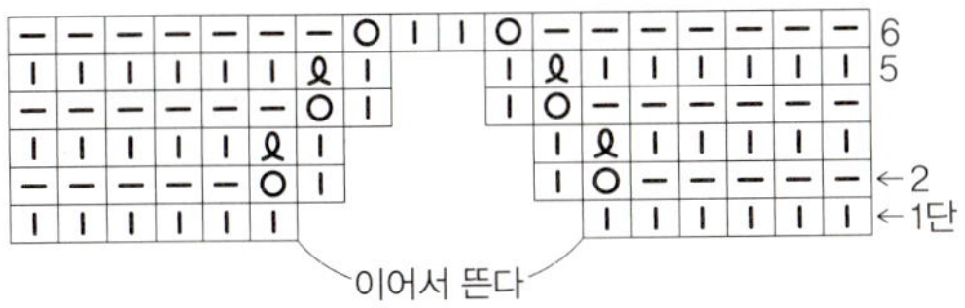

6
5

2

1단

이어서 뜬다

마무리

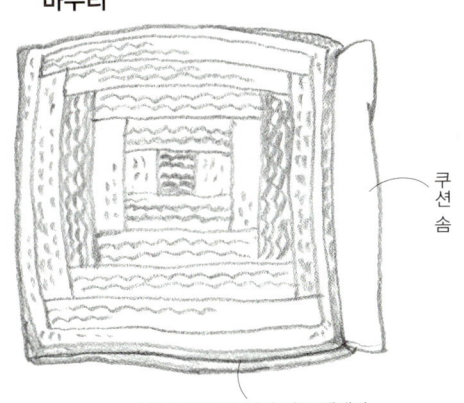

쿠 션 솜

솜을 넣으면서 앞과 뒤를 꿰맨다

하프 로그 캐빈 아프간　*사진 32페이지

◎**재료**
아메리 원사(20) 50g, 연한 물색(10) 40g, 물색(29), 잿빛 도는
노란색(1) 각 30g, 황록색(13), 노란색(25), 파란색(16) 각 25g,
핑크(7) 15g

◎**도구**
4호 100~120cm 줄바늘 1개 또는 2개, 4호 대바늘 1개

◎**게이지**
가터뜨기로 24코 48단이 사방 10cm

◎**완성 사이즈**
세로 62cm, 가로 52cm

◎**뜨개 포인트**
〈본체〉
피스 1: 시작코 8코(시작코를 1단으로 센다), 14단 뜨고 코는 바
늘에 남겨둔다

피스 2: 피스 1의 왼쪽 끝에서 8코를 주워 12단 뜬다. 코는 바늘
에 남겨둔다

피스 3: 피스 1의 쉬어둔 8코와 피스 2의 끝에서 6코, 모두 14
코로 12단 뜬다

피스 4: 피스 3의 쉬어둔 끝 1코에서 1코 뜨고, 끝에서 5코를 주
워 피스 2의 쉬어둔 8코와 합쳐 14코로 12단 뜬다

피스 5부터는 피스 3과 4의 방법으로 [쉬어둔 콧수＋오른쪽
끝 또는 왼쪽 끝에서 뜬 산의 수와 같은 콧수]로 지정된 단수
를 뜬다

뜨는 순서와 방향

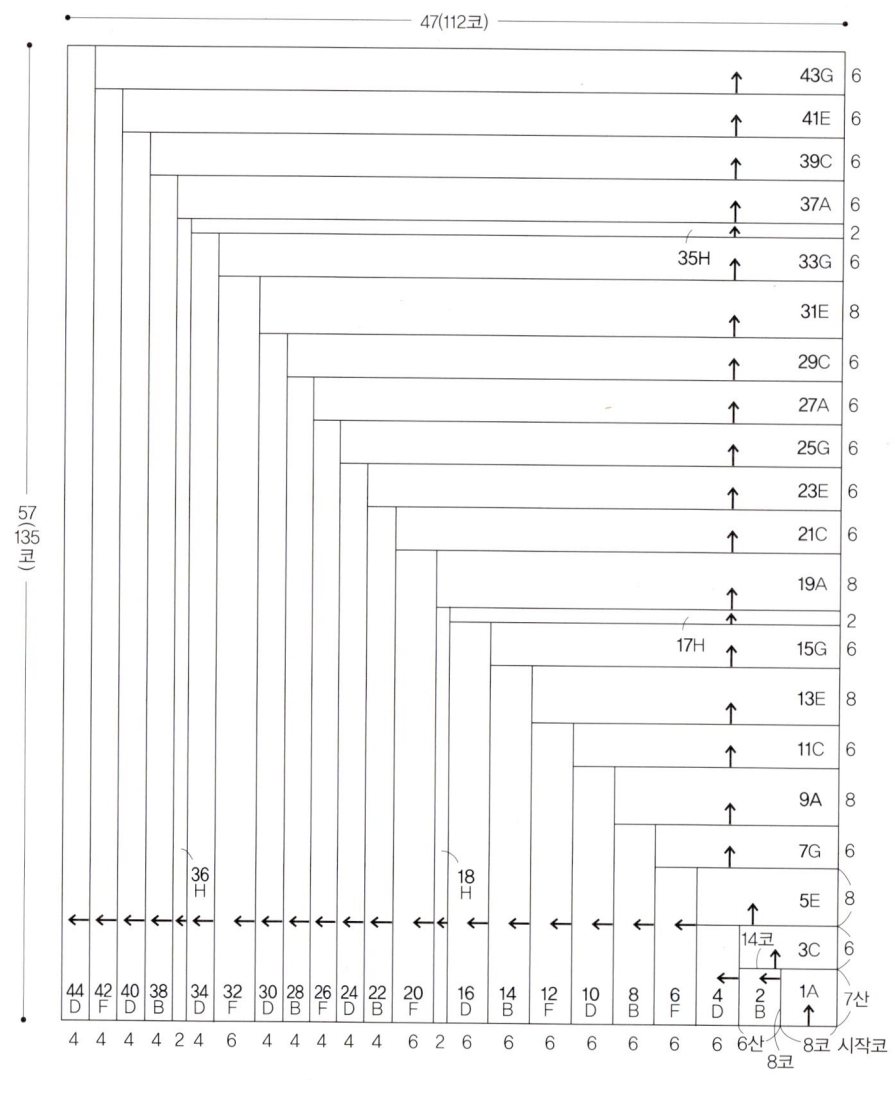

A = 파란색
B = 원사
C = 황록색
D = 연한 물색
E = 물색
F = 잿빛 도는 노란색
G = 노란색
H = 핑크

1　A
‖　‖
피　색
스
의
뜨
는
순
서

테두리 뜨기

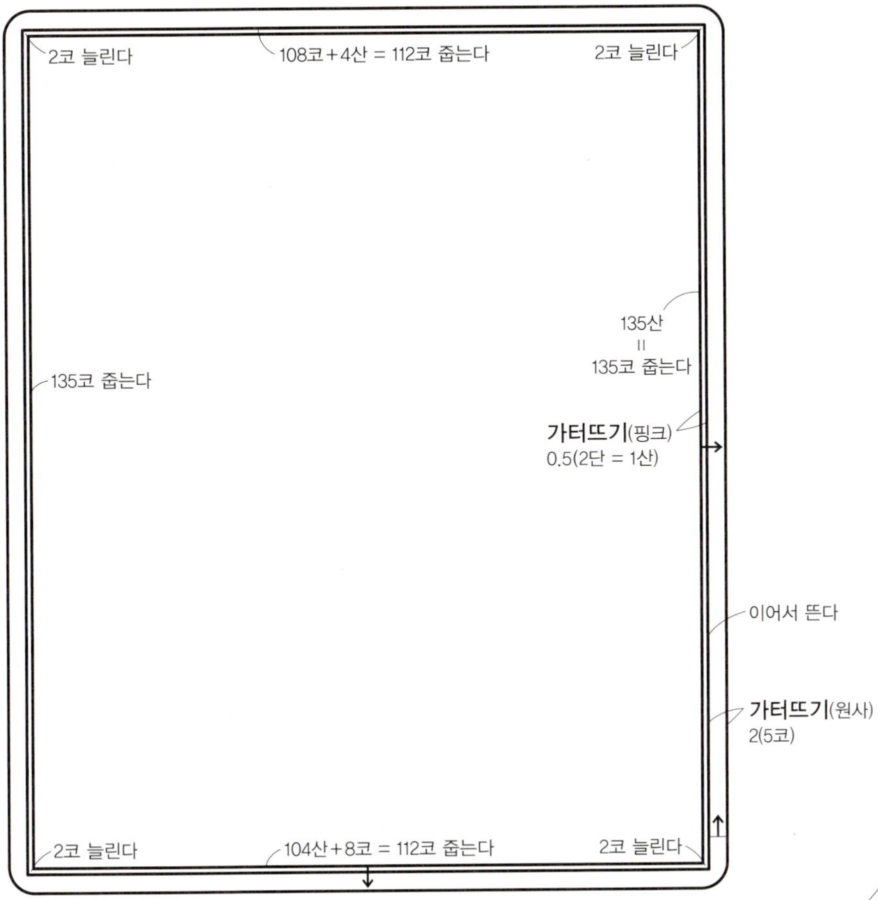

2코 늘린다　　108코+4산 = 112코 줍는다　　2코 늘린다

135코 줍는다

135산
=
135코 줍는다

가터뜨기(핑크)
0.5(2단 = 1산)

이어서 뜬다

가터뜨기(원사)
2(5코)

2코 늘린다　　104산+8코 = 112코 줍는다　　2코 늘린다

〈테두리 뜨기〉

• 줄바늘을 이용해 핑크로 쉬어둔 코는 겉뜨기, 단 부분은 겉뜨기 하듯이 코를 주워 1바퀴 뜨는데, 모서리에서는 2코 늘리며 줍는다. 2단째는 안뜨기로 1바퀴 뜬다

• 코를 주운 줄바늘에 원사로 5코의 시작코를 만들어 4호 바늘로 핑크의 코와 가터뜨기로 이어서 뜬다

1단째: 대바늘로 걸러뜨기, 겉뜨기 3코, 5번째 코와 줄바늘에 걸린 핑크의 코와 함께 안뜨기로 2코 모아뜨기

2단째: 안쪽으로 돌려 걸러뜨기, 겉뜨기 3코, 안뜨기 1코

3단째: 걸러뜨기, 겉뜨기 3코, 핑크의 코와 함께 안뜨기로 2코 모아뜨기

4단째: 2단째와 같은 방법

5단째부터는 3단째와 4단째를 반복한다

• 모서리 뜨개 방법(코 늘리는 부분의 뜨개 방법)

1단째, 2단째: 걸러뜨기, 겉뜨기 3코, 안뜨기 1코

3단째: 걸러뜨기, 겉뜨기 3코, 핑크의 코와 함께 안뜨기로 2코 모아뜨기

4단째: 걸러뜨기, 겉뜨기 3코, 안뜨기 1코

이것을 2회 반복한다

테두리 뜨기의 모서리 뜨개 방법

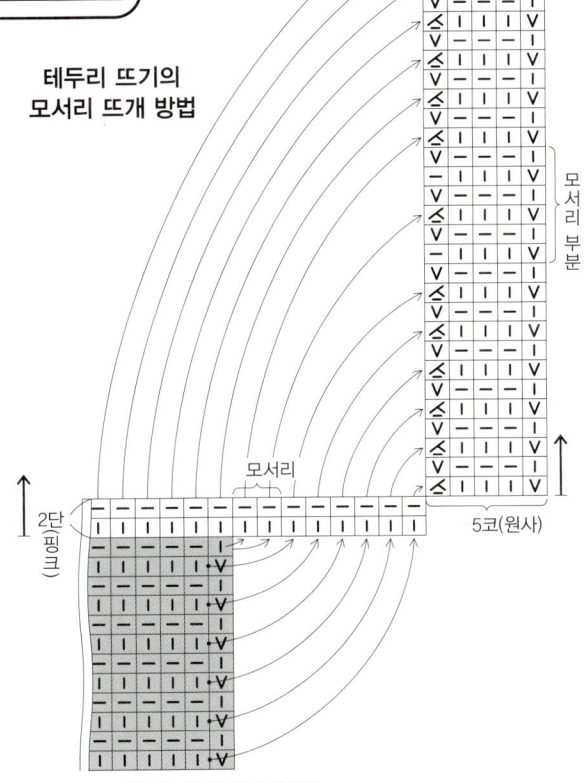

모서리 부분

모서리

2단
(핑크)

5코(원사)

본체 오른쪽 위 모서리 부분

로그 캐빈 마거리트 볼레로 *사진 34페이지

◎**재료**
아메리 차콜 그레이(30) 90g, 붉은색(5) 20g, 원사(20), 라이트 그레이(22) 각 15g

◎**도구**
4호 대바늘, 4호 100~120cm 줄바늘

◎**게이지**
가터뜨기로 22코 44단이 사방 10cm

◎**완성 사이즈**
옷 길이 약 33cm, 화장 길이 약 35cm

◎**뜨개 포인트**
〈등의 모티프〉
피스 1: 6코×5산(10단·시작코를 1단으로 세고 마지막 단은 안쪽에서 뜬다)
피스 2: 6코×5산(10단)
피스 3, 4: 11코×5산(10단)
피스 5, 6: 16코×5산(10단)

각각의 모티프는 코를 바늘에 남기고 단 쪽에서는 산과 같은 콧수를 주워 바늘에 남긴 코와 함께 뜬다
• 피스 1~13은 5산(10단), 피스 14~21은 4산(8단), 피스 22~33은 3산(6단)
• 모두 뜨면 약 31cm 사각의 모티프가 된다

〈소매 뜨개 방법〉
• 모티프에서 71코를 주워 25단 무늬뜨기를 한 다음 70코로 코를 줄여 원형으로 46단 뜬다

〈테두리 뜨개 방법〉
• 소맷부리는 그림처럼 피코뜨기 하여 마지막은 덮어씌우기로 코를 막아 피코 부분에서 접어 안쪽에 감침질한다
• 목둘레는 모두 212코를 주워 테두리 뜨기를 하고 피코 부분에서 접어 안쪽에 감침질한다

〈사이즈〉
• 사이즈를 크게 하고 싶은 경우는 모티프를 1바퀴 더 크게 떠서 진동둘레와 테두리 뜨기의 줍는 코를 늘리면 된다

등의 모티프   뜨는 순서와 방향

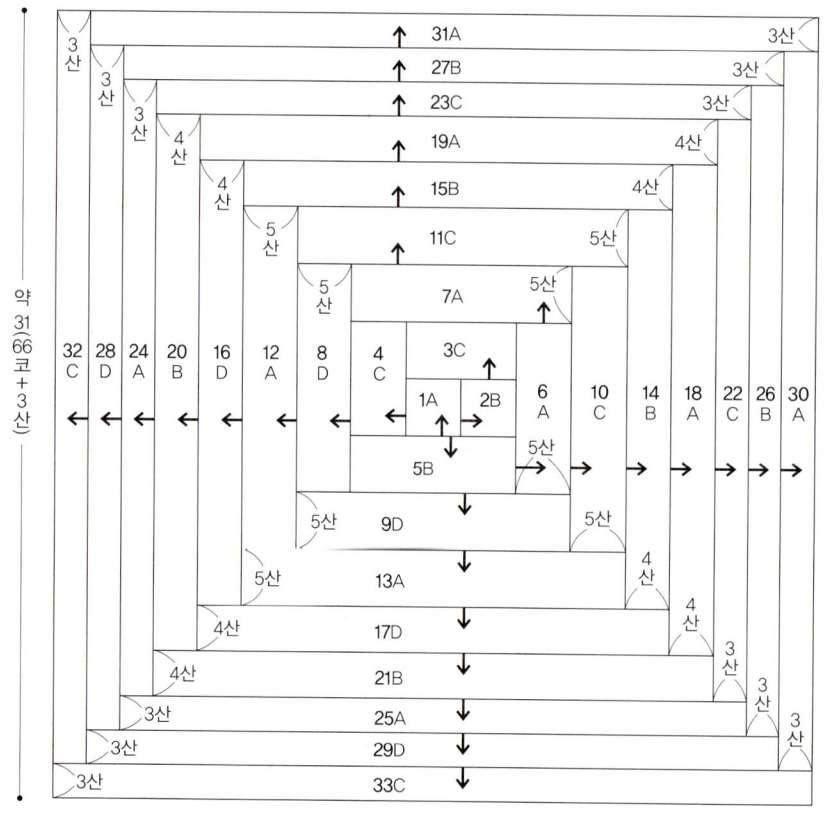

1~33 뜨는 순서

배색

A = 붉은색
B = 원사
C = 라이트 그레이
D = 차콜 그레이

산의 수
피스 1~13 = 5산
     14~21 = 4산
     22~33 = 3산

뜨개 방법의 규칙

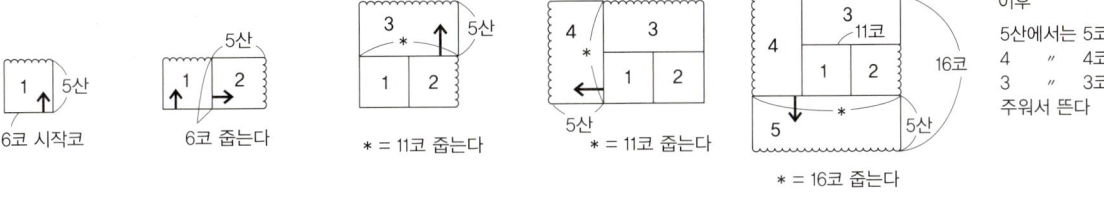

1 | 5산
6코 시작코

5산
1 | 2
6코 줄인다

3
* ↑ 5산
1 | 2
* = 11코 줄는다

4 | 3
*
1 | 2
5산
* = 11코 줄는다

4 | 3 | 11코
*
1 | 2
16코
5
5산
5산
* = 16코 줄는다

이후
5산에서는 5코
4 ″ 4코
3 ″ 3코
주워서 뜬다

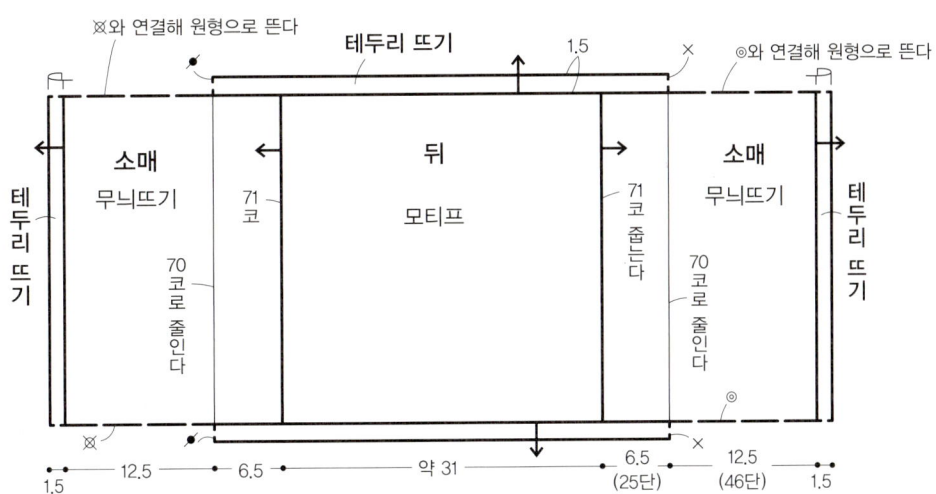

⊠와 연결해 원형으로 뜬다

테두리 뜨기 1.5

◎와 연결해 원형으로 뜬다

테두리 뜨기

소매
무늬뜨기

71코

뒤
모티프

71코 줄는다

소매
무늬뜨기

테두리 뜨기

70코로 줄인다

70코로 줄인다

⊠

◎

×

12.5
1.5
6.5
약 31
6.5
(25단)
12.5
(46단)
1.5

무늬뜨기

□ = I = 겉뜨기

8
5
1단
1무늬

2 1코
1무늬

목둘레와 소맷부리의 테두리 뜨기

□ = I = 겉뜨기

목둘레 소맷부리

← 덮어씌우기
11
10
7
5
←1단
2 1코

B
A
B
D

B
A
B
D

마무리

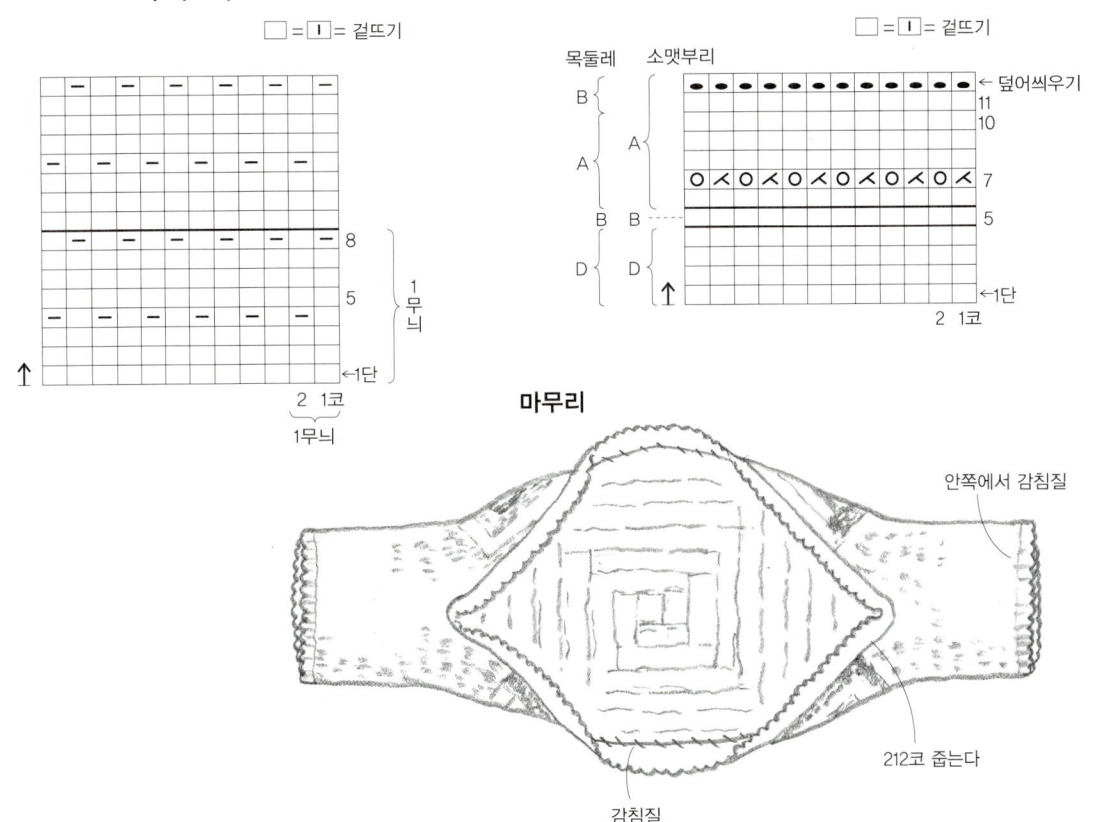

안쪽에서 감침질

212코 줍는다

감침질

75

기본 뜨개 방법

시작코

〈일반적인 시작코〉

1

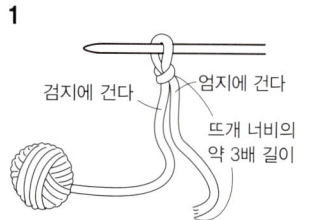

검지에 건다
엄지에 건다
뜨개 너비의 약 3배 길이

1코를 손가락으로 만들어
바늘에 옮기고 실을 당긴다

2

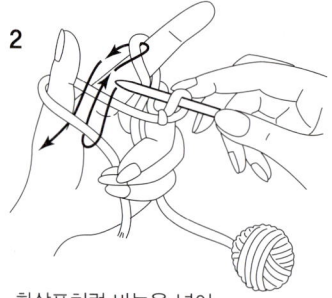

화살표처럼 바늘을 넣어
걸린 실을 빼낸다

3

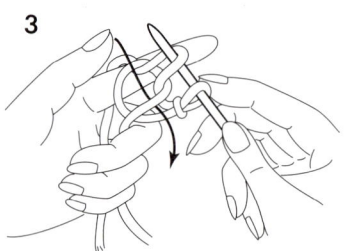

엄지의 실을 일단 빼고
화살표처럼 다시 넣어 조인다

4

2코째 완성

5

완성. 이 대바늘을
왼손에 쥐고 2단째를 뜬다

〈코바늘로 만드는 시작코〉

1

코바늘에 사슬뜨기 고리를 만들고
대바늘 아래로 실을 놓는다

2

바늘을 끼워
사슬뜨기를 한다

3

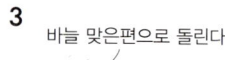

바늘 맞은편으로 돌린다

실을 바늘 아래로 돌린다

4

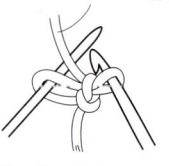
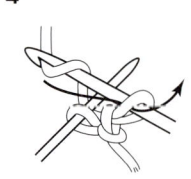

바늘을 끼워 사슬뜨기를
한다

5

반복하고, 마지막 코는
코바늘의 고리를 바늘에 건다

〈떠서 만드는 시작코〉

1

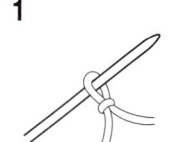

고리를 만들어
뜨개바늘에 건다

2

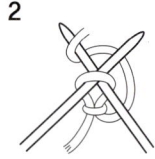

고리 사이로 바늘을
넣어 실을 건다

3

오른쪽 바늘에 건 실을
빼낸다

4

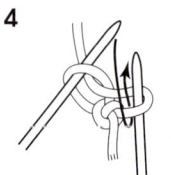

빼낸 실에 왼쪽 바늘을
넣는다

5

오른쪽 바늘은 그대로

6

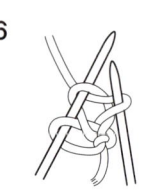

실을 걸어 빼낸다

7

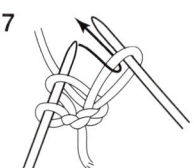

4~6을 반복한다

8

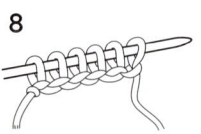

필요한 콧수가 될 때까지
떠서 만든다

뜨개 기호와 뜨개 방법

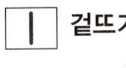 겉뜨기

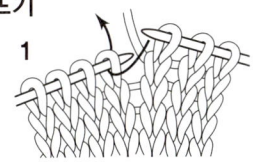
1 왼쪽 바늘의 코에 화살표처럼 바늘을 넣는다

2 바늘 끝에 실을 건다

3 실을 왼쪽 바늘의 코 사이로 빼낸다

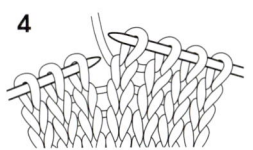
4 오른쪽 바늘에 1코 뜬 모습

 안뜨기

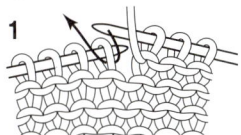
1 왼쪽 바늘의 코에 화살표처럼 바늘을 넣는다

2 바늘 끝에 실을 건다

3 실을 왼쪽 바늘의 코 사이로 빼낸다

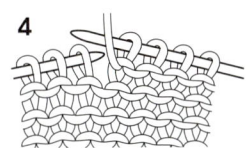
4 오른쪽 바늘에 1코 뜬 모습

↘ 오른코 겹쳐 2코 모아뜨기

A
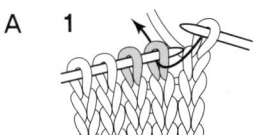
1 뜨지 않고 앞쪽에서 오른쪽 바늘에 옮긴다

2 다음 코를 뜬다

3 옮긴 코를 뜬 코에 덮어 씌운다

4 1코 줄임

B
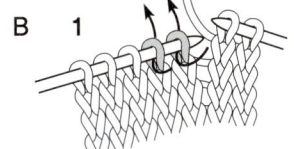
1 뜨지 않고 2코를 앞쪽에서 오른쪽 바늘에 옮긴다

2 왼쪽 바늘을 앞쪽에서 옮긴 2코에 넣는다

3 뒤에 있는 오른쪽 바늘로 겉뜨기를 한다

4 1코 줄임

↙ 왼코 겹쳐 2코 모아뜨기

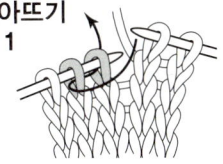
1 2코 함께 앞쪽에서 넣는다

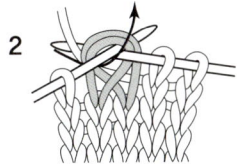
2 실을 걸어서 뜬다

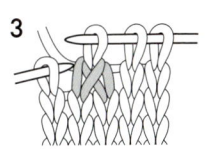
3 1코 줄임

○ 걸기코

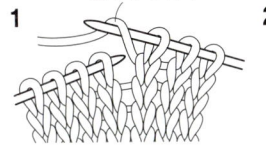
앞쪽에서 건다
1 실을 앞쪽에서 건다

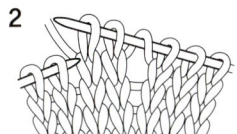
2 이어서 겉뜨기. 걸기코 부분에 코가 늘어난다

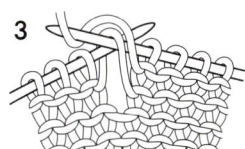
3 앞 단의 걸기코는 안뜨기를 한다(구멍이 생긴다)

4 비틀어서 안뜨기를 한 경우는 구멍이 생기지 않는다

⼊ 중심 3코 모아뜨기

1 2코 함께 앞쪽에서 오른쪽 바늘을 넣어 뜨지 않고 그대로 오른쪽 바늘에 옮긴다

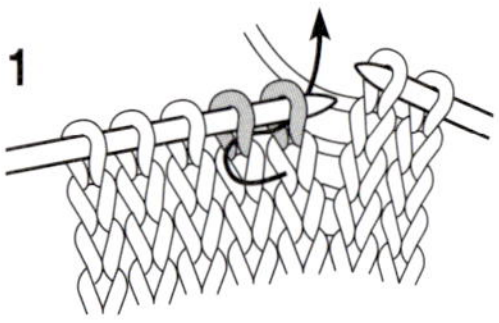

2 다음 코를 뜬다

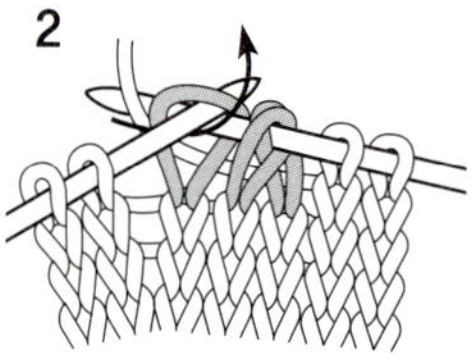

3 뜬 코에 옮긴 2코를 덮어 씌운다

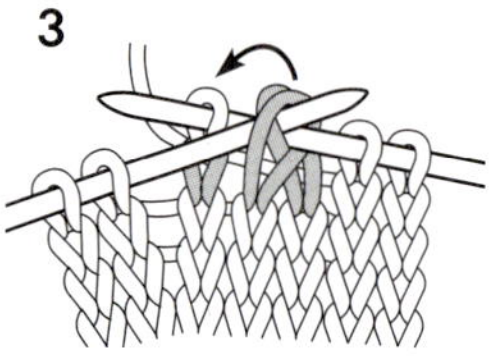

4 2코 줄임

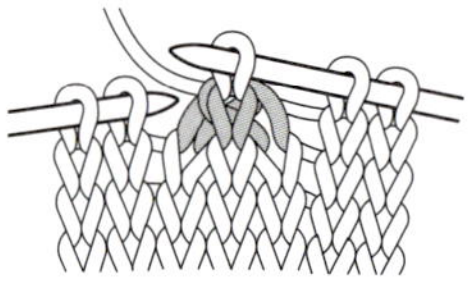

⼈ 오른코 겹쳐 3코 모아뜨기

1 뜨지 않고 앞쪽에서 바늘을 넣어 오른쪽 바늘에 옮긴다

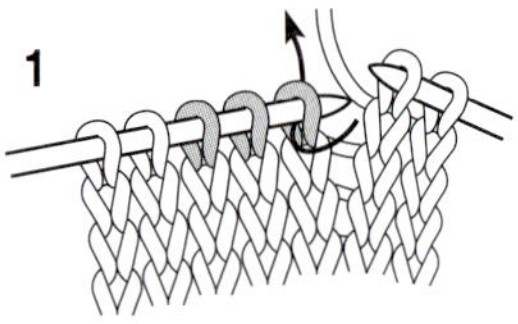

2 다음 2코를 함께 겉뜨기 한다

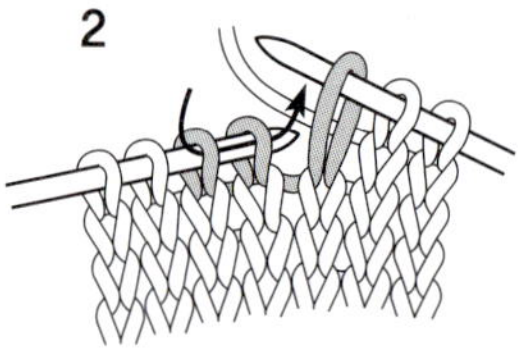

3 옮긴 코를 덮어씌운다

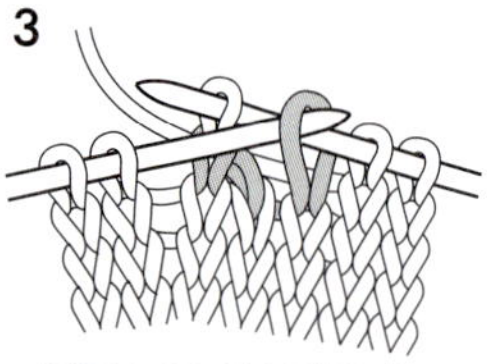

4 2코 줄임

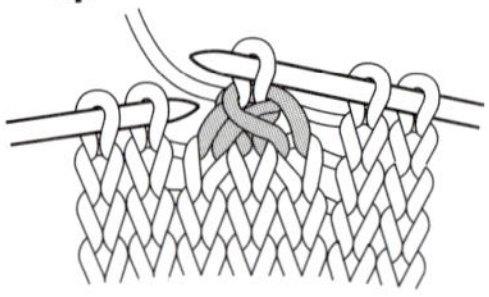

Ｙ 왼코 늘리기

1 오른쪽 바늘의 2단 아래 코에 맞은편 쪽에서 앞쪽으로 왼쪽 바늘을 넣는다

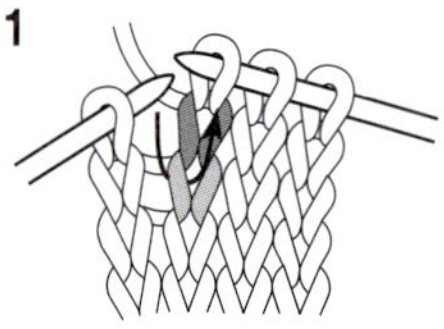

2 실을 걸어 뜬다

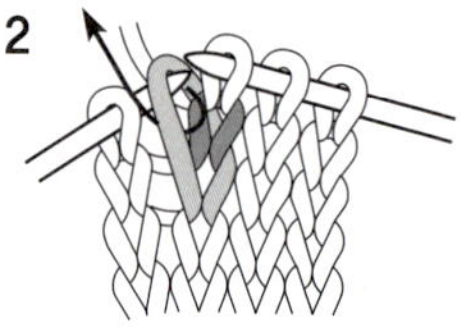

3 1코 늘림

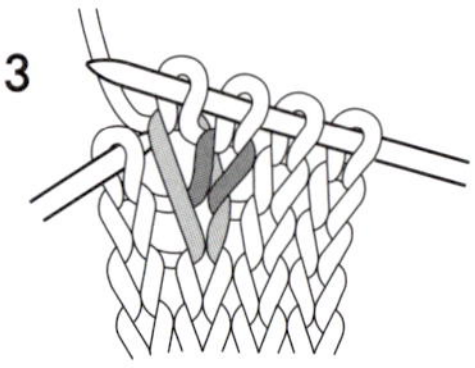

Ｙ 오른코 늘리기

1 왼쪽 바늘의 1단 아래 코에 앞쪽에서 바늘을 넣는다

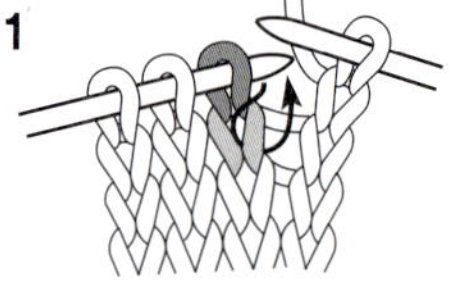

2 실을 걸어서 뜬다

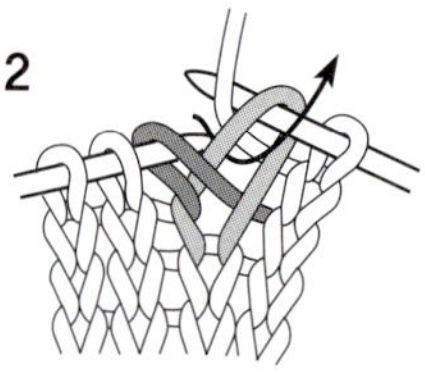

3 왼쪽 바늘에 걸려 있는 코를 뜬다

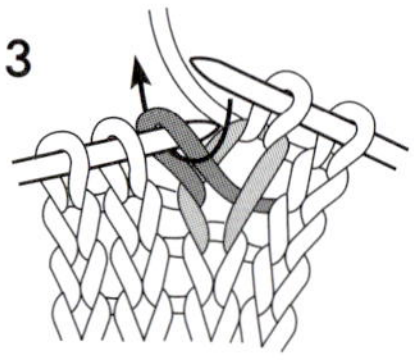

4 1코 늘림

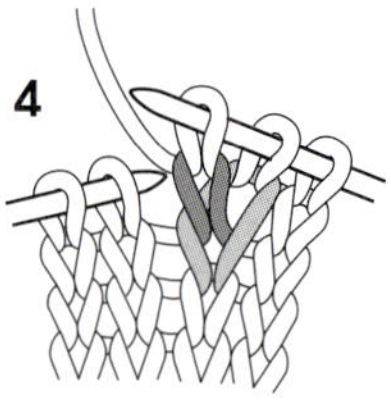

Ｖ 걸러뜨기(미끄럼코)

A 안뜨기 하듯이 바늘을 넣는다

B 겉뜨기 하듯이 바늘을 넣는다

1 오른쪽 바늘을 왼쪽 바늘의 코에 안뜨기 하듯이 넣는다

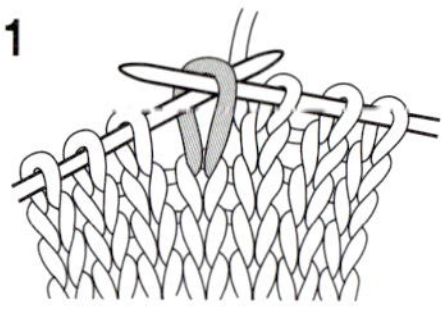

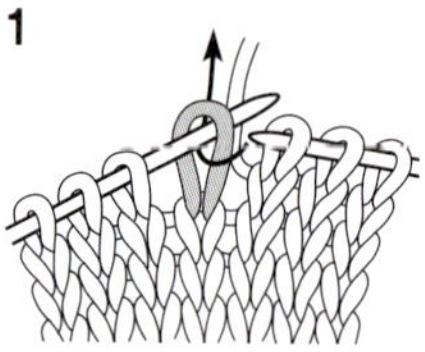

2 그대로 오른쪽 바늘에 코를 옮긴다

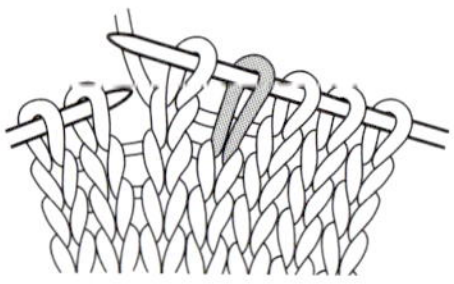

1 오른쪽 바늘을 왼쪽 바늘의 코에 겉뜨기 하듯이 넣는다

2 그대로 오른쪽 바늘에 옮기면 비틀린 상태가 된다

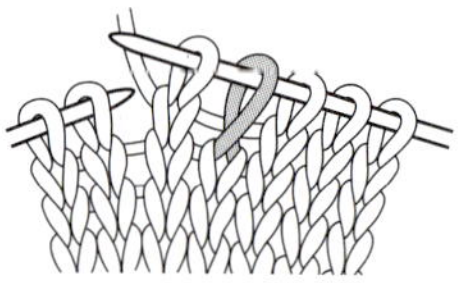

Ｑ 돌려뜨기(꼬아뜨기)

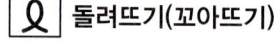
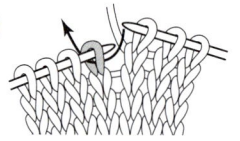
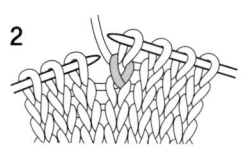

1 왼쪽 바늘 코의 맞은편 쪽에서 고리에 바늘을 넣는다

2 그대로 뜨면 코가 비틀린다

코 마무리·잇기·코줍기

〈덮어씌우기〉

겉코 ●

1
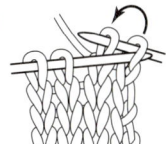
끝의 2코를 겉뜨기 하고,
1코째를 2코째에 덮어씌운다

2
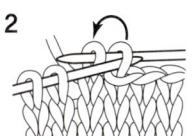
겉뜨기 하고 덮어씌우기를
반복한다

3
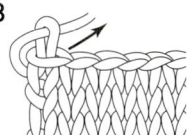
마지막 코는 실을 빼서
조인다

안코 ●

1
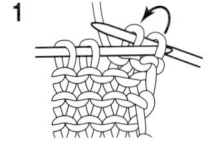
끝의 2코를 안뜨기 하고,
1코째를 2코째에 덮어씌운다

2
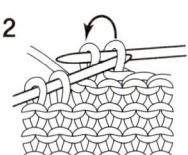
안뜨기 하고 덮어씌우기를
반복한다

3
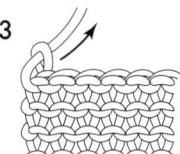
마지막 코는 실을 빼서
조인다

〈가터 잇기〉

1
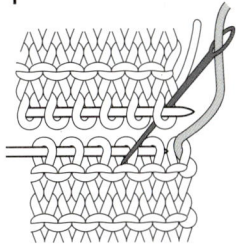
아래의 끝 코에서 실을 빼내
위의 끝 코에 바늘을 넣는다

2
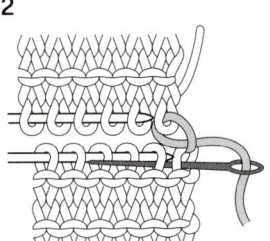
아래의 끝 코로 돌아와 아래는 메리야스
잇기의 요령으로 바늘을 넣는다

3
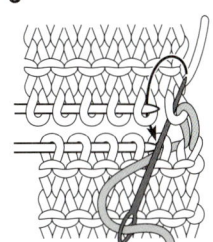
위는 안 메리야스 잇기의
요령으로 바늘을 넣는다

4
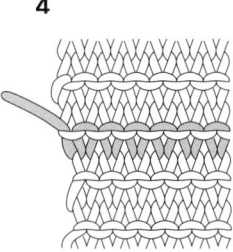
2, 3을 반복하여 이은 상태

〈메리야스 잇기〉

1
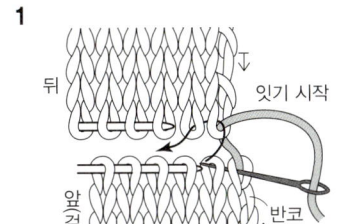
뜨개 마지막 실을 코의 아래에서 빠져나와 다른 한쪽 끝 코의
아래에서 빼낸 다음 화살표처럼 돗바늘을 통과시킨다

2
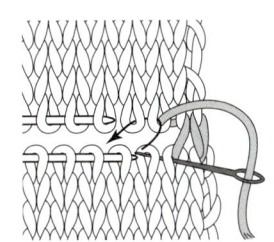
메리야스뜨기의 코가 되도록 코의
위에서 넣어 옆의 코 아래에서 빼낸다

3
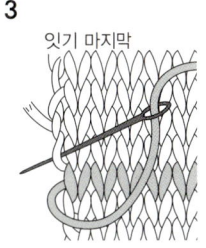
메리야스뜨기의 코처럼
잇기 완성

〈코줍기〉

시작코에서 줍는 경우
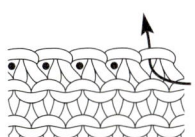
고리 1개에 바늘을 넣는다

가터뜨기의 단에서 줍는 경우
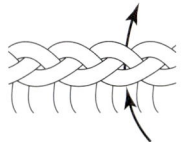
고리 2개를 뜬다

PATCHWORK KNITTING—DOMINOAMI TO LOG CABIN
Copyright ⓒ 2016 by Kotomi HAYASHI
First published in Japan in 2016 by EDUCATIONAL FOUNDATION BUNKA GAKUEN BUNKA PUBLISHING BUREAU, Tokyo
Korean translation rights arranged with EDUCATIONAL FOUNDATION BUNKA GAKUEN BUNKA PUBLISHING BUREAU
through Japan Foreign—Rights Centre/ Shinwon Agency Co.

일본어판 발행인	Sunao Onuma
북 디자인	Tomoko Okayama
촬영	Noriko Matsumoto
모델	Kuriko Kondo
일러스트, 디지털 트레이스	Shikano Room
교열	Masako Mukai
제작 협력	Fumiko Imaizumi, Noriko Hariu
편집	Yaeko Shimura, Yoko Osawa(BUNKA PUBLISHING BUREAU)

디자인이 재미있는 도미노뜨기와 로그 캐빈

패치워크 손뜨개

초판 1쇄 발행 2019년 2월 20일

지은이 하야시 고토미
옮긴이 황선영
감 수 문수연
펴낸이 명혜정
펴낸곳 도서출판 이아소
디자인 레프트로드
교 열 정수완

등록번호 제311-2004-00014호
등록일자 2004년 4월 22일
주 소 04002 서울시 마포구 월드컵북로5나길 18 1012호
전화 (02)337-0446 **팩스** (02)337-0402

책값은 뒤표지에 있습니다.
ISBN 979-11-87113-31-7 13590

도서출판 이아소는 독자 여러분의 의견을 소중하게 생각합니다.
E-mail: iasobook@gmail.com

이 도서의 국립중앙도서관 출판예정도서목록(CIP)은 서지정보유통지원시스템 홈페이지
(http://seoji.nl.go.kr)와 국가자료공동목록시스템(http://www.nl.go.kr/kolisnet)에서
이용하실 수 있습니다. (CIP제어번호 : CIP2019002692)